Rester en forme
par la
gymnastique douce

Rester en forme
par la
gymnastique douce

SARA BLACK

PHOTOGRAPHIES
ANTONIA DEUTSCH

HACHETTE

Sommaire

© 1997 HACHETTE LIVRE
(Hachette Pratique)
pour la présente édition en langue française

© 1995 Duncan Baird Publishers
pour l'édition originale anglaise

Consultantes : Sarah Clark et Liliana Djurovic,
kinésithérapeutes

Traduction et réalisation : ACCORD Toulouse
Composé en Stone Sans
Photogravure : Bright Arts, Hong Kong
Imprimé à Singapour

Les exercices présentés dans cet ouvrage sont destinés à des personnes en bonne santé. Si vous n'êtes pas physiquement en forme ou si avez subi un traumatisme articulaire ou musculaire, consultez au préalable un médecin. Les Éditions Hachette, DPB, l'auteur, les consultantes, la traductrice et la photographe dégagent leur responsabilité quant aux blessures ou autres préjudices qui surviendraient au cours de ces exercices.

Introduction

Il est facile, même en peu de temps, de se libérer du stress et des tensions, et de « déverrouiller » son corps. Lorsqu'il sera souple et détendu, vous vous sentirez mieux physiquement et mentalement. Ceci grâce à une approche des exercices d'assouplissement qui combine nos connaissances actuelles et les grands principes de la pensée philosophique orientale.

Une philosophie de la forme

Lorsque vous étiez enfant, vous utilisiez votre énergie sans limites et votre corps tout entier sans y penser. Vous passiez vos journées à courir, à sauter, à grimper aux arbres et à faire tout ce que font en général les enfants avec naturel. Jamais vous n'auriez imaginé qu'un jour votre corps deviendrait raide, que votre vitalité diminuerait.

Quand un enfant joue, il effectue, en quelques minutes, une incroyable série de mouvements. Courir, sauter, s'asseoir, s'accroupir, s'allonger sur le ventre, le dos, le côté : la liste est sans fin. Il accomplit tous ces mouvements sans gêne ni effort apparents. En revanche, la vie d'adulte est parfois une suite de gémissements et de grognements. On souffre du dos, de dépression, de migraine, de fatigue, d'ankylose et surtout d'un manque total de vitalité. Certains trouvent cela normal, comme si c'était le prix de la maturité.

Le mouvement est pourtant au cœur de notre manière de vivre. Amusez-vous à compter combien de fois vous vous asseyez et combien de fois vous vous relevez dans une seule journée. Ce geste banal requiert l'utilisation de plus de 200 muscles et représente, à chaque fois, un miracle d'équilibre et de coordination. Pourquoi la plupart d'entre vous ont-ils perdu, entre l'enfance et l'âge adulte, la grâce naturelle et l'énergie qu'ils possédaient auparavant ?

Votre corps a une grande capacité de souplesse et de mouvement. Mais vous l'exploitez rarement. L'une des raisons est que la vie moderne ne vous amène pas à développer vos potentialités physiques. Vous marchez moins que ne le faisaient vos grands-parents, car vous utilisez votre voiture, et bien d'autres « économiseurs d'efforts » qui diminuent votre activité physique.

Tout au long de la vie, les douleurs physiques ou mentales accumulent des tensions dans votre corps. Des blessures aussi banales qu'une entorse de la cheville ou aussi sérieuses qu'une hernie discale laissent leur marque même après la guérison et les épreuves quotidiennes de la vie se lisent dans un dos voûté, des épaules contractées… Le plus souvent vous acceptez ces tensions et vous oubliez que vous avez pu vivre et bouger sans elles.

Il est possible, en peu de temps, de changer cet état de choses et de jouir à nouveau de ses pleines capacités corporelles. Un sportif de haut niveau a la souplesse d'un enfant, la force physique et mentale d'un adulte. Il est un bon exemple d'utilisation optimale de ses potentialités physiques. Pour réactiver ces possibilités qui sont restées trop longtemps en sommeil, il faut regarder à l'intérieur de soi : comprendre comment fonctionne son corps peut participer à l'amélioration de sa forme. Le but de ce livre est de vous y aider.

une inspiration orientale

En Occident, trop de gens pensent qu'il faut souffrir dans son corps pour réussir, parce que corps et esprit sont séparés. La traditionnelle opposition de la tête et des jambes impose depuis des siècles que le cerveau se développe aux dépens du corps et vice-versa. En fait, pour mener une vie saine et équilibrée, corps et esprit ne doivent pas être dissociés.

Dans la plupart des disciplines orientales cette confusion n'existe pas. L'idée selon laquelle un corps en bonne santé nécessite un esprit en bonne santé (et réciproquement) est inhérente au yoga, au tai-chi et à bien d'autres pratiques corporelles orientales. Ce livre doit beaucoup à ces arts anciens.

Dans un corps souple et détendu, vous vous sentirez mieux, physiquement et émotionnellement. Votre esprit sera plus clair, plus pénétrant, votre humeur plus égale. Cet état, vous ne l'atteindrez jamais avec une séance hebdomadaire d'aérobic qui, même si elle vous muscle, ne vous apportera que bourdonnements d'oreilles et montée d'adrénaline. Créer un équilibre subtil entre corps et esprit demande un entraînement tout en douceur.

En Occident nous avons tendance à compartimenter nos vies, en créant des séparations par exemple entre le travail et la maison, l'amusement et l'effort. Les philosophies orientales, au contraire, ont une vue globale, considérant la personne comme une unité indissociable. La santé et le bonheur naissent d'un équilibre entre tous les aspects de la vie. Le bien-être moral et physique devient alors aussi important que carrière professionnelle et vie sociale.

La pensée orientale demande aussi que l'on se concentre totalement sur la tâche que l'on accomplit, même la plus simple des actions, ceci étant le seul moyen de libérer le corps et l'esprit des contraintes de la vie quotidienne. La plus banale des activités, accomplie avec sérieux et concentration, devient méditation, la voie vers une sagesse plus grande. Les yogis conservent la même *asana*, ou posture, de longues heures durant pour parvenir à un haut

Miniature indienne illustrant la principale posture (asana) *du Raja Yoga.*

degré de concentration. En Occident, une telle approche est rare : on fait sa gymnastique en regardant la télé, on fait du footing avec un baladeur sur les oreilles, fermant ainsi son esprit à l'activité pratiquée par le corps. Serait-ce que la satisfaction apportée par l'activité physique n'est pas suffisante ? Triste signe de notre mode de vie…

Concentrez-vous totalement sur l'étirement que vous faites, au moment où vous le faites. Au lieu de ressentir ennui et frustration, vous vous sentirez plus heureux et « centré » ; votre pratique quotidienne deviendra bientôt une nécessité. Chaque étirement doit être une fin en soi et non un moyen.

La référence aux techniques orientales ne signifie pas que la science contemporaine ne peut pas nous aider. Les physiothérapeutes, physiologues et médecins du sport accroissent sans cesse notre connaissance du corps humain. En fait, nous empruntons des éléments à plusieurs écoles de pensée pour avoir une approche originale et moderne de la santé et de la forme.

la méthode

Chaque jour nous voyons des images de corps débordants de santé. Mais nous avons une fâcheuse tendance à penser que nous ne pourrons jamais atteindre un tel idéal. Nous sommes trop vieux, trop occupé, trop paresseux. Rien n'est plus éloigné de la vérité. Même une vie trépidante ne devrait pas nous interdire une activité physique régulière.
La plupart des exercices présentés dans cet ouvrage peuvent devenir partie intégrante de votre vie quotidienne : en seulement dix minutes, vous pouvez faire travailler toutes les parties de votre corps ; n'est-ce pas une parenthèse programmable dans toute journée, même la plus remplie ? Certains exercices sont adaptés à des situations particulières : du travail de bureau au jeu partagé avec les enfants ; d'autres encore complètent des activités sportives courantes.

Nous ne vous proposons pas un programme d'entraînement traditionnel, avec point de départ et point d'arrivée. Vous n'êtes pas impliqué dans une compétition, tendu vers la ligne d'arrivée ou tentant de battre un record. Vous n'avez besoin d'aucune tenue particulière, d'aucun matériel.
Votre but est de vous mettre à l'écoute de votre corps, de comprendre ses potentialités, par un travail en douceur et à votre rythme. Profitez immédiatement du sentiment de bien-être que vous procure un étirement doux. Lorsque l'on construit un mur, on pense uniquement à placer correctement chaque brique et, presque sans s'en rendre compte, le mur est monté. De la même façon, en vous concentrant sur chaque exercice

et en lui consacrant le temps nécessaire, vous vous améliorerez sans avoir à vous faire de souci ni à concevoir un programme préalable. D'ailleurs le processus est déjà en marche. En décidant de consulter ce livre, vous avez commencé à vous pencher sur votre santé et votre condition physique. Vous avez fait le premier pas.

Les exercices sont présentés par séries, selon la partie du corps qu'ils concernent. En effectuant chaque étirement avec soin et en prêtant attention à ce qui se passe, vous apprendrez à comprendre votre corps. Les étirements vont donner du tonus à votre corps tout en augmentant votre souplesse. Vous pouvez décider dans quel ordre vous souhaitez explorer les différentes parties de votre corps et leurs potentialités. Les exercices peuvent être combinés pour former une séance d'étirements quotidienne concernant tout le corps. Nous vous présentons quelques modules de durées différentes et nous vous donnons des conseils pour en créer vous-même. Notre but n'étant pas de vous enseigner quelques exercices tout faits à répéter inlassablement mais de vous donner l'envie et la compétence d'en inventer.

Considérez votre séance d'étirements comme une activité aussi importante que toutes vos activités quotidiennes. Adoptez une tenue confortable, qui ne vous gêne dans aucun de vos mouvements ; peu importe à quoi vous ressemblez : personne n'est là pour vous regarder, sauf peut-être un partenaire. La pièce dans laquelle vous effectuez vos exercices doit être chaude, mais sans excès. Dans la mesure du possible, écartez tout facteur de distraction pendant la durée de la séance. Ne répondez pas au téléphone, branchez éventuellement votre répondeur...

quelques conseils

Abordez les étirements en douceur, surtout si vous commencez une activité physique ou si vous la reprenez après une longue période d'inactivité. Lorsque vous aurez progressé, vous serez peut-être tenté de refaire les étirements que vous effectuez facilement et dans lesquels vous vous sentez bien. Ne trichez pas avec vous-même. C'est précisément parce que les autres exercices vous demandent plus d'efforts qu'il faut les faire plus souvent. Ne confondez pas la sensation inconfortable que vous avez lorsque vous étirez vos muscles raides ou peu habitués à l'effort et la véritable douleur qui peut être le signe d'une blessure. N'essayez pas de progresser en vous faisant mal : écoutez votre corps et sachez reconnaître les signaux qu'il vous envoie. Si quelque chose vous préoccupe, consultez un médecin.

Tester votre forme

Une activité physique régulière permet de prendre conscience de son corps, d'apprendre à l'écouter et à le respecter. Lorsque vous effectuez un étirement, votre corps est votre seul repère. Votre objectif doit être de vous sentir mieux et non de sauter plus haut ou de courir plus vite que quelqu'un d'autre. Nous ne vous proposons pas de recettes miracles. Vous devez trouver vous-même la meilleure voie pour progresser.

Pour cela, il vous faut savoir ce dont votre corps est capable, connaître ses limites et ses possibilités, pour améliorer ce que vous souhaitez améliorer.

Commencez par effectuer les tests qui suivent (ci-dessous et pages 14-15). Vous ferez le point sur votre souplesse et votre résistance, et vous analyserez les informations que vous donne votre corps. Dans quelques semaines, un mois, et aussi souvent que vous le désirez, refaites ces tests pour évaluer vos progrès. Vous avez besoin d'une montre, d'une chaise et éventuellement d'un grand miroir. Détendez-vous et prenez plaisir à ce que vous faites.

Pouls au repos

13/5 : 62

Trois jours de suite, au réveil, prenez votre pouls pendant une minute à l'aide de votre index. Il est assez facile de le trouver au niveau du cou. Notez le chiffre obtenu sur un papier ; le troisième jour calculez votre pouls moyen au repos. Il se situe en général entre 60 et 80 pulsations à la minute. Comparez-le ensuite avec votre pouls pendant et après un exercice. L'écart entre les deux chiffres va progressivement diminuer.

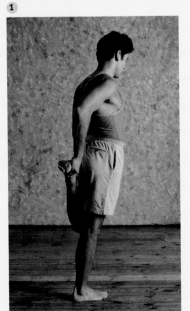

①

Le héron

ok

Debout, pieds à l'écartement du bassin, pliez la jambe gauche en arrière et attrapez votre pied gauche avec votre main droite.
En restant bien droit, tirez votre pied gauche vers les fesses, en gardant le genou gauche pointé vers le bas. Si vous avez un problème d'équilibre, prenez appui avec votre main libre sur le dossier d'une chaise, sans pour autant vous pencher vers l'avant. Essayez de toucher vos fesses avec votre pied. Notez jusqu'où vous pouvez aller ; la distance entre votre talon et vos fesses vous indiquera le degré de souplesse des muscles de votre cuisse.

②

③

④

Équilibre

La plupart des étirements font
appel à la concentration et à
l'équilibre. Évaluez votre équilibre
naturel et votre aptitude à
conserver une posture.
Debout sur une jambe, les bras
le long du corps, fixez un point
devant vous. Vous devez être
capable de tenir la position
pendant au moins une minute.
Si vous vacillez ou tremblez,
notez-le. Testez votre équilibre
sur chaque jambe. Vous vous
apercevrez que c'est plus facile
sur une jambe que sur l'autre.

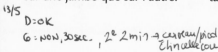

Étirement des mollets

Placez-vous environ 1 mètre
derrière une chaise. Sans bouger
les pieds, penchez-vous en avant
et posez les mains sur le dossier
de la chaise. Bassin basculé vers
l'arrière, votre corps aussi droit
que possible forme un angle de
45° avec le sol.
Dans l'idéal, vos talons doivent
rester en contact avec le sol. Si
c'est le cas, notez le degré
d'étirement que vous ressentez
dans les mollets. Dans le cas
contraire, notez la distance entre
talons et sol.

Étirement du dos et des cuisses

Asseyez-vous sur le sol, jambes
tendues devant vous, pointes des
pieds vers le haut. Levez les bras
au-dessus de la tête et étirez-vous
vers le plafond pour détendre
le bas de votre dos, puis penchez-
vous vers l'avant. Essayez de poser
vos mains sur vos pieds, sans
fléchir les genoux. Une fois dans
cette position, respirez et
détendez-vous. Notez jusqu'où
vont vos mains. Si vous trouvez
cet exercice facile et arrivez à
toucher vos orteils, détendez-vous
au maximum et essayez de poser
vos coudes sur le sol. Dans le cas
contraire, la distance séparant vos
mains et vos pieds vous indiquera
le degré de souplesse de votre dos
et de l'arrière de vos cuisses.

⑤

⑥

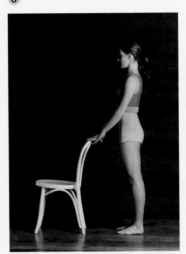

⑦

Souplesse arrière
Écartez les jambes de manière à
être bien en équilibre. Placez vos
mains sur l'arrière de vos cuisses.
Serrez les muscles des fesses et
poussez le bassin vers l'avant.

13/5: mi-jambe

Penchez-vous en arrière en arc de
cercle au fur et à mesure que vous
faites descendre vos mains le long
de vos cuisses. Notez jusqu'où
peuvent aller vos mains.

S'accroupir, se relever
Voici un excellent moyen de tester
votre résistance, votre tonus et
votre équilibre. Debout derrière
une chaise, posez les mains sur
le dossier. En gardant le dos droit
et la nuque allongée, pliez les
genoux et accroupissez-vous.
Descendez aussi bas que possible.
Revenez en position debout,
jambes tendues. Effectuez ce
mouvement autant de fois que
possible en 30 secondes et notez
votre score.

15 fois

Course sur place
Prenez votre pouls avant de
commencer cet exercice.
Pendant 30 secondes, courez sur
place, en levant les genoux le plus
haut possible. Reprenez votre
pouls et notez la différence avec
la première mesure. Petit à petit,
l'écart entre le nombre de
pulsations avant et après l'exercice
va diminuer.

15/3 79 VS 126

Connaître son corps

Le corps humain est un assemblage étonnant, capable d'accomplir une série prodigieuse de fonctions et de mouvements. Tout repose sur des interactions complexes, à la fois volontaires et inconscientes, entre les muscles, les os et les tissus. Si vous levez légèrement le bras puis pliez le coude, votre biceps se contracte pour amener les os de l'avant-bras (radius et cubitus) vers l'os du bras (humérus). En même temps le triceps (face postérieure du bras) s'étire.

Ces interactions continuelles se manifestent de bien des manières. Ainsi une contracture du mollet peut être à l'origine d'un mal de dos : la raideur de la jambe entraîne un déséquilibre au niveau du bassin et donc des tensions dans la région lombaire (le bas du dos). C'est la raison pour laquelle il est très important d'aborder tous les exercices en gardant à l'esprit le corps tout entier, plutôt que de se focaliser sur des « zones à problème », le dos, les hanches, les genoux…

Les étirements que nous vous proposons vous aideront à considérer votre corps comme un tout. Mais, pour bien comprendre son corps, il est également important de connaître à la fois sa structure et son fonctionnement. Vous serez alors capable de reconnaître quels muscles travaillent lorsque vous effectuez un exercice et vous comprendrez comment chaque mouvement, aussi simple et anodin soit-il, concerne votre corps dans sa totalité.

le squelette

Nous prenons conscience très tôt de notre squelette. Pourtant, hormis les médecins, peu nombreux sont ceux qui le connaissent. Le squelette est la charpente du corps, sur laquelle viennent s'attacher les muscles. Sans le squelette, le corps s'écroulerait. Les quelque 200 os qui le composent représentent environ 20 % du poids total du corps. L'os est un tissu vivant qui se reconstitue lorsqu'il subit une fracture. Il est alimenté par le sang et parcouru de nerfs. Comme les muscles, les os peuvent s'atrophier ou se fortifier selon le soin que l'on prend d'eux.

Une articulation est le point de jonction de deux os, qui sont par ailleurs maintenus en contact par des ligaments. Au niveau de l'articulation, l'os est recouvert de cartilage, une matière résistante et souple. Il y a plusieurs types d'articulations adaptés aux mouvements qu'ils autorisent. L'épaule, par exemple, est une énarthrose, une articulation qui permet d'effectuer des rotations. La hanche appartient au même

les os du corps

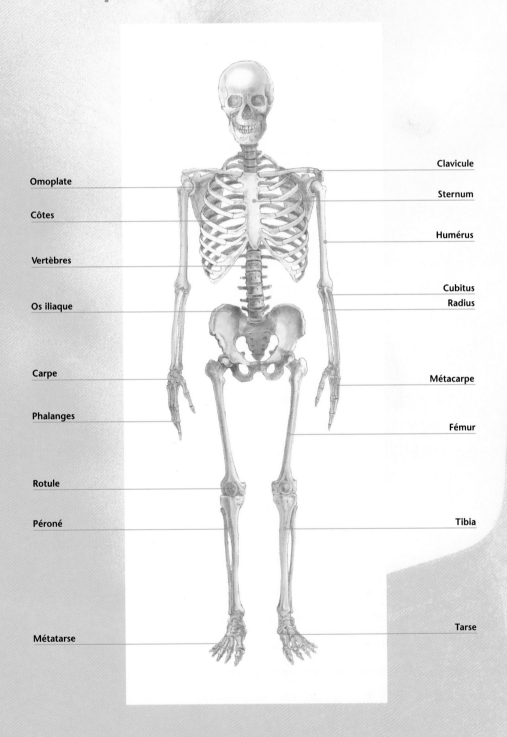

Omoplate

Côtes

Vertèbres

Os iliaque

Carpe

Phalanges

Rotule

Péroné

Métatarse

Clavicule

Sternum

Humérus

Cubitus
Radius

Métacarpe

Fémur

Tibia

Tarse

type d'articulation, mais ses mouvements sont plus limités que ceux de l'épaule. La cheville est une articulation à charnière qui effectue des mouvements de flexion-extension. Les 24 vertèbres sont reliées entre elles par des articulations à pivot qui leur permettent des mouvements d'inclinaison et de rotation. Mal ou peu utilisées, les articulations deviennent raides ; au contraire, lorsqu'on les sollicite souvent, les ligaments s'assouplissent et l'amplitude des mouvements augmente.

les muscles

Le corps comprend environ 600 muscles différents, qui représentent à peu près la moitié de notre poids total. Il existe deux sortes de muscles : les muscles lisses, sur lesquels nous n'avons pas de contrôle conscient, et qui assurent la vie organique ; les muscles striés, qui ont généralement des points d'attache sur les os, et commandent les mouvements volontaires. Nous n'exerçons pas de contrôle conscient sur le muscle cardiaque. Les muscles striés agissent d'une seule manière : en se contractant. À la fin de la contraction, ils se relâchent, et s'allongent jusqu'à reprendre leurs position et longueur de repos. Nous ne pouvons pas commander à nos muscles de se relâcher mais seulement de ne pas se contracter.

Les muscles fonctionnent souvent par paire, autour d'une articulation. Ils sont antagonistes. Un muscle « fléchisseur » fait plier une articulation, un muscle « extenseur » l'étend. Lorsque l'un des muscles antagonistes se contracte pour accomplir un mouvement, l'autre doit être relâché. Lorsque vous pliez le bras, le biceps se contracte, le triceps est relâché. Puis le triceps se contracte pour ramener le bras en position allongée, pendant que le biceps se relâche.

Les muscles sont sous le contrôle du système nerveux. C'est le cerveau qui envoie des « ordres » aux muscles. Parallèlement, le cerveau essaie de protéger le corps : un réflexe ayant pour but d'éviter les élongations provoque la contraction du muscle lorsqu'on veut l'allonger brutalement. Pour éviter ce réflexe, il faut allonger le muscle en douceur afin d'aller plus loin dans le mouvement, sans avoir à lutter contre son propre corps. De la même manière, tirer par à-coups sur un muscle provoque une contraction réflexe qui empêche un étirement en profondeur.

Des muscles bien utilisés se développent et acquièrent de la force, des muscles mal utilisés s'atrophient et s'affaiblissent. Pour aider vos muscles à se développer, soumettez-les à une activité physique régulière.

les muscles du corps

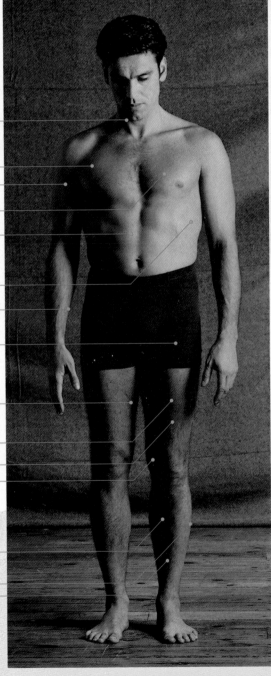

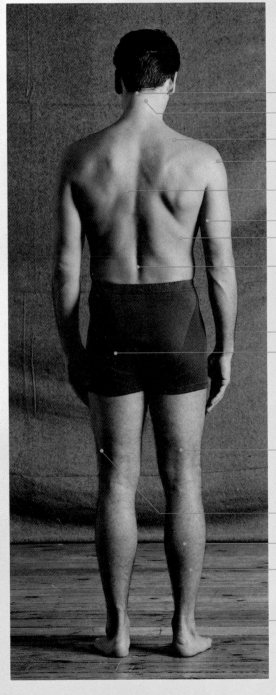

Sterno-cléido-mastoïdiens

Deltoïde

Biceps

Grand pectoral

Grand droit

Grand oblique

Fléchisseurs du bras et de la main

Psoas-iliaque

Adducteurs

Vaste externe

Droit antérieur

Vaste interne

Jambier antérieur

Long péronier latéral

Extenseur commun des orteils

Complexus

Splénius

Trapèze

Deltoïde

Rhomboïde

Triceps

Grand dorsal

Masse sacro-lombaire

Extenseurs de la main

Fessiers

Ischio-jambiers

Tenseur du fascia lata

Jumeaux

Soléaire

Tendon d'Achille

Relaxation

La relaxation – ne rien faire, laisser son esprit et son corps retrouver le calme absolu – ne nous est pas naturelle. Nous avons des difficultés à oublier les contraintes et les soucis quotidiens, même pour quelques minutes. Il existe, heureusement, des techniques pour se détendre mentalement et physiquement. Une bonne relaxation augmente les effets bénéfiques des exercices physiques.

Relaxation

Pour vivre en forme et en bonne santé, il faut de l'équilibre en tout :
l'esprit doit être calme mais en éveil, la respiration libre et aisée, les
muscles toniques mais détendus, les articulations souples.
Un tigre au repos donne une impression de calme et de détente,
malgré sa puissance et sa rapidité potentielles.

Si vous êtes étonné de trouver un chapitre consacré à la relaxation dans un
recueil d'exercices physiques, demandez-vous plutôt pourquoi la relaxation est
si souvent absente des programmes de mise en forme. Nous devons nous
relaxer et vaincre le stress pour mieux développer nos aptitudes.

La mode de l'entraînement intensif semble heureusement dépassée.
Ignorant les avertissements donnés par le cerveau, on s'étirait jusqu'à
l'élongation, on sautait toujours plus haut, toujours plus vite, jusqu'à ce que
le cœur batte la chamade. Les cours de gymnastique n'étaient qu'un étalage
de muscles contractés, de visages dégoulinants de sueur, de cous gonflés
par l'effort, de corps tendus vers la forme jusqu'à l'obsession. Pousser ses
limites physiques jusqu'au point de rupture n'a jamais permis au corps de
retrouver sa liberté de mouvement.

Un athlète au mieux de sa condition physique, un danseur ou même un
collègue qui semble toujours dominer la situation suscitent l'admiration.
Qu'ils attirent notre attention par leur force, leur beauté ou leur sens de
l'organisation, ils ont en commun calme et maîtrise de soi. Avant l'épreuve,
le sportif de haut niveau est physiquement détendu, mentalement en alerte.
Il peut utiliser le maximum de ses capacités lorsqu'il n'a aucun sujet
d'inquiétude, qu'il laisse son corps libre d'accomplir ce pour quoi il a été
préparé. Si vous voulez suivre la même voie, vous devez vous approprier
cette interaction existant entre mental et physique.

Asseyez-vous tranquillement et observez votre corps. La combinaison de
muscles, d'os, de tissus, d'organes et de nerfs qui le constitue présente
divers états de tension et de détente. Une certaine tension est nécessaire
pour garder le corps droit. Au-delà de cet état de veille, des circonstances
extérieures ou vos pensées peuvent influer sur votre corps.
La pièce où vous vous trouvez est-elle froide ? Votre ceinture n'est-elle pas
trop serrée ? Vous avez passé une mauvaise journée ? Tous ces paramètres
peuvent avoir une répercussion sur votre état, parce qu'ils créent des
tensions musculaires, demandent un effort constant d'adaptation et gênent
le développement harmonieux de votre corps.

La relaxation seule ne suffit pas à entretenir votre forme, mais elle fait partie
d'un programme global. Vous devez avoir une activité physique régulière et,

Accordez-vous toujours
quelques minutes pour vous
relaxer ou récupérer avant et
après votre séance
d'étirements. Le temps que
vous consacrez à la
relaxation avant la séance
vous aide ensuite à vous
concentrer. Quelques
minutes de retour au calme
aident votre corps et votre
esprit à tirer un plus grand
profit des exercices effectués.

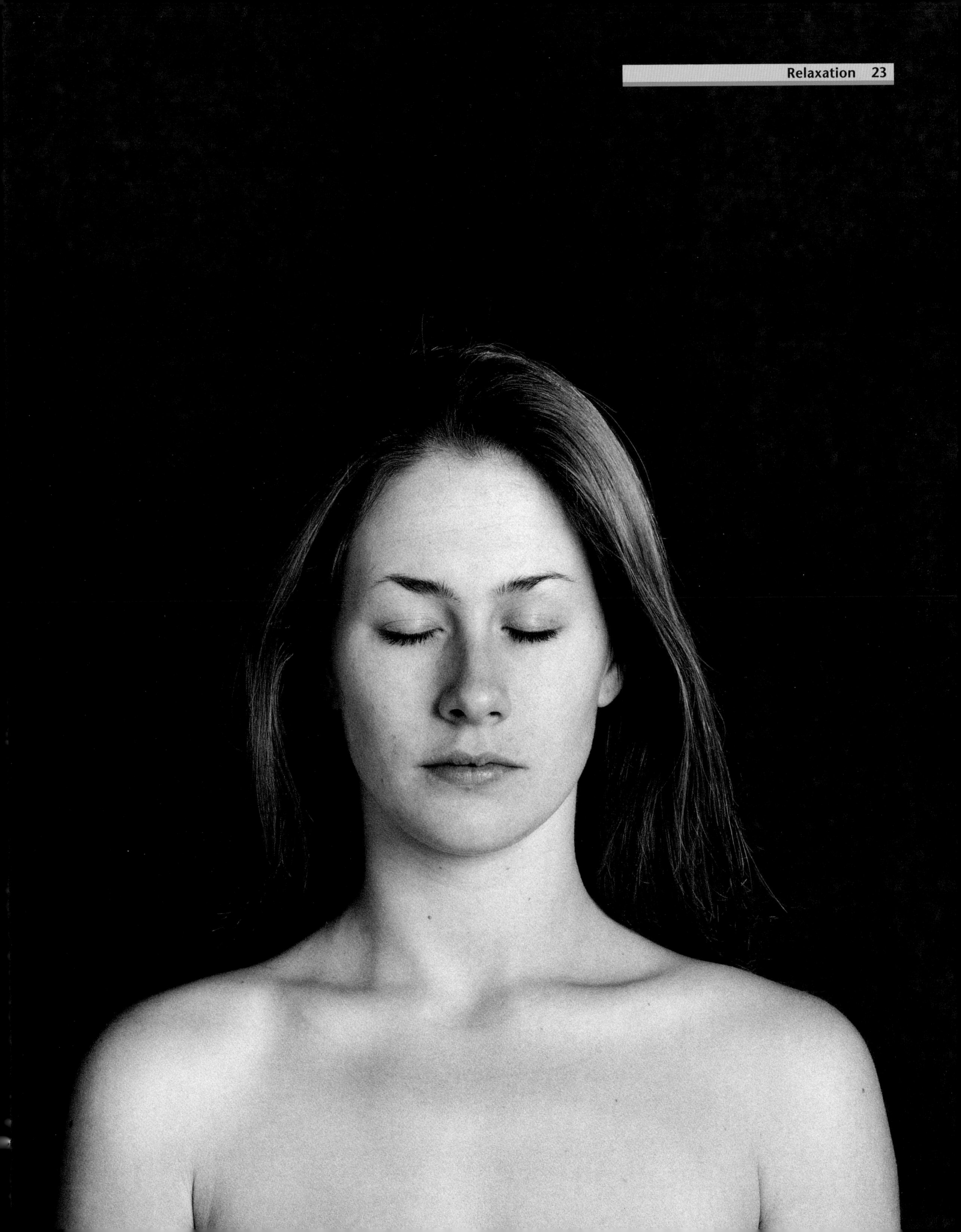

si vous pratiquez un sport, il faut travailler votre endurance et votre tonicité. La relaxation joue un rôle prépondérant dans tous les cas.

Les étirements eux-mêmes peuvent vous aider à vous détendre. Pour cela, concentrez-vous bien sur les réactions de votre corps face aux mouvements demandés. Jour après jour, vous sentirez le stress quotidien diminuer. S'inspirant d'une technique identique, les moines zen ratissent les graviers de leur jardin en suivant un tracé régulier et précis, transformant un travail monotone en « méditation physique ».

Vous avez peut-être éprouvé cette sensation de calme et de bien-être qui suit un exercice physique, mais sans en tirer de conclusion. Si l'activité physique vous procure détente et calme, pourquoi ne pas utiliser cet état mental, pendant la séance, pour atteindre de meilleurs résultats – et passer un moment encore plus agréable ? Si avant de commencer votre séance d'étirements, vous libérez votre corps et votre esprit des tensions accumulées au cours de la journée, vous n'aurez pas à dépenser du temps et de l'énergie pendant la séance pour éliminer les tensions résiduelles. Vous augmenterez ainsi l'efficacité de votre pratique dès les premières minutes.

Les exercices qui suivent vous aideront à atteindre l'état de relaxation idéal pour une bonne pratique des étirements. Prenez impérativement quelques minutes, avant et après chaque séance d'étirements, pour vous relaxer ou récupérer. Le temps que vous passerez à vous détendre avant la séance vous permettra de mieux vous concentrer sur ce que vous allez faire. Les minutes consacrées à la récupération et au retour au calme vous permettront de tirer un enseignement personnel de vos séances d'étirements et de savourer pleinement le calme et la détente retrouvés.

Ne limitez pas votre pratique de la relaxation à vos séances d'étirements. Quelques instants quotidiens « d'escapade mentale » vous seront toujours d'un grand profit. Essayez, vous serez étonné du résultat.

Une certaine tension est nécessaire pour garder le corps en état de veille, mais des circonstances extérieures, nos pensées, peuvent influer sur notre corps, et créer un excès de tensions.
La relaxation, bien que nécessaire, n'est qu'une partie d'un programme global de santé qui exige une pratique régulière.

relaxation globale

Installez-vous dans une pièce calme, dans laquelle règne une température agréable et où on ne viendra pas vous déranger. Débranchez le téléphone. Aucun événement extérieur ne doit venir vous distraire.

Allongez-vous sur le dos, par terre, jambes tendues, bras le long du corps, paumes des mains tournées vers le plafond. Adoptez une position confortable.

Vous pouvez par exemple poser la tête sur un livre ou sur un coussin, et vous couvrir d'une couverture si vous êtes frileux. Fermez les yeux et respirez profondément. Essayez de visualiser intérieurement les parties de votre corps. Commencez par vous concentrer sur vos pieds et sur vos chevilles. Fléchissez les chevilles (pointes des pieds vers le plafond), tirez bien sur vos mollets. Tenez la position quelques instants, puis « laissez aller » en relâchant complètement chevilles et mollets. Répétez le mouvement 2 fois. Vos pieds sont à présent totalement détendus. Portez votre attention sur vos jambes et vos genoux. Tendez-les au maximum, en les « enfonçant » dans le sol, et tenez la position quelques secondes avant de « laisser aller ». Recommencez 2 fois pour bien relâcher vos jambes et vos genoux.

Procédez de la même façon pour toutes les parties de votre corps. Tendez puis relâchez les hanches et les fesses, le ventre, la poitrine, le bas, le milieu et le haut du dos, les épaules, les bras, les mains et même le visage. Ne négligez aucune partie de votre corps. Lorsque vous aurez fini, vous vous sentirez détendu et lourd. Vous n'aurez probablement pas envie de bouger, mais si vous sentez une quelconque gêne, vous pouvez modifier votre position, en douceur, pour améliorer votre confort.

Sans bouger, passez mentalement votre corps en revue, en commençant par les pieds, à la recherche de tensions résiduelles. Concentrez-vous sur les éventuels points de tension pour les éliminer et procédez à un nouvel examen de votre corps jusqu'à ce qu'il soit complètement détendu.

La totalité de votre corps est relâchée. Respirez tranquillement et restez dans cette position de détente pendant au moins 10 minutes. Pour finir, vous ouvrez les yeux et vous vous étirez doucement.

Ne vous relevez pas trop rapidement, vous pourriez avoir un étourdissement. Reprenez lentement votre rythme habituel, vous vous sentez calme, revigoré et capable d'affronter n'importe quelle situation.

exercices de relaxation

Si vous n'avez pas le temps de faire l'exercice précédent, vous pouvez intégrer certains exercices de relaxation simples à votre échauffement, en début de séance, ou même à vos activités quotidiennes.

L'exercice le plus simple consiste à utiliser la respiration comme moyen de relaxation. Vous pouvez le pratiquer debout, pieds légèrement écartés, ou assis bien droit sur une chaise. Respirez profondément. Au cours de l'expiration, pensez à bien détendre vos épaules et à relâcher votre corps tout entier. Le cou et les épaules sont souvent le siège de tensions importantes : quelques étirements simples les élimineront rapidement.

Haussement d'épaules (page 92)

En inspirant, haussez les épaules vers les oreilles aussi haut que possible. Gardez cette position 5 secondes puis, pendant l'expiration, laissez les épaules retomber librement. Détendez-vous en inspirant puis, en expirant, essayez de relâcher encore plus épaules et bras – il ne doit pas y avoir de mouvement perceptible mais vous devez ressentir le relâchement.

Roulements d'épaules (page 44)

Debout, bras relâchés le long du corps, montez une épaule vers l'oreille, puis faites-la tourner lentement vers l'avant, le bas, l'arrière et le haut, en dessinant un cercle aussi parfait et complet que possible. Faites cet exercice 3 fois dans ce sens, puis 3 fois dans l'autre sens (en commençant la rotation par l'arrière), avant de passer à l'autre épaule. Seules les épaules travaillent, les autres parties du corps doivent être relâchées.

1

2

Rotation du buste

Debout, jambes légèrement écartées, genoux détendus et bras relâchés le long du corps, tournez le buste vers la gauche et vers l'arrière, le bras droit suit le mouvement en allant vers l'avant, le bras gauche va vers l'arrière (1). Tournez ensuite le buste vers la droite et l'arrière, les bras suivant toujours le mouvement du torse (2). Cou et épaules bien détendus, bras libres, alternez les 2 mouvements pendant au moins 5 minutes.
Vous pouvez en plus effectuer un mouvement de balancier avec les bras, le reste du corps étant toujours aussi souple. Pour détendre vos épaules, vous pouvez faire des moulinets avec les bras. Les nageurs s'échauffent parfois ainsi avant une compétition. Debout, le pied droit un peu en avant du pied gauche, laissez votre bras gauche se balancer d'avant en arrière, librement. Profitez de l'élan donné par le mouvement pour lancer le bras vers le haut et faire un cercle complet. Répétez plusieurs fois l'exercice, puis changez de bras.

Respiration

Le but de ce chapitre est de vous faire prendre conscience de votre respiration et de vous faire comprendre que bien respirer peut vous aider dans vos activités physiques mais aussi dans votre vie quotidienne. Une pratique régulière vous amènera à maîtriser votre respiration, vous permettant de libérer votre corps de ses tensions et d'effectuer notamment vos étirements avec une plus grande efficacité.

Respiration

Le volume quotidien d'air que nous inspirons est 5 fois supérieur à la quantité totale de nourriture et de liquide que nous ingérons. L'air est aussi vital que l'eau que nous buvons et que les aliments que nous mangeons. Pourtant, nous accordons beaucoup moins d'importance à la qualité de l'air que nous respirons qu'à celle de notre alimentation.

Le corps respire automatiquement – on ne peut pas décider de s'arrêter de respirer, le corps provoquerait la reprise de la respiration. Cependant, la combinaison de mauvaises habitudes respiratoires et du stress quotidien peut réduire les échanges gazeux de même qu'elle restreint l'amplitude de nos mouvements.

La respiration et les émotions sont liées. Quand vous êtes en colère vous retenez votre respiration ; quand vous êtes énervé ou tendu, votre respiration est courte et superficielle. On n'utilise la totalité de sa capacité respiratoire que lorsque l'on rit ou que l'on crie très fort. Le rire et les cris provoquent une sensation de détente, une décharge de tension émotionnelle. Pensez à la fatigue et à la libération que vous ressentez après un éclat de rire, et à la détente procurée par un profond soupir.

La respiration est également liée au stress et aux tensions du corps. Si vous avez déjà été massé, vous avez sûrement remarqué qu'au fur et à mesure que vos muscles se détendent votre respiration devient plus lente et plus profonde. À l'inverse, lorsque vous faites des exercices physiques, la respiration favorise l'assouplissement de vos muscles.

Il ne s'agit pas d'une découverte récente ; les adeptes de techniques orientales anciennes, tels le yoga ou le tai-chi, connaissent bien les liens entre la respiration et leurs postures. De même, au XIXe siècle, F. M. Alexander qui cherchait à combattre son extinction de voix comprit les liens entre la respiration et le corps. Sa méthode pour améliorer à la fois la respiration et la souplesse du corps a de plus en plus de partisans de nos jours.

En travaillant votre souffle en même temps que votre corps, vous allez améliorer votre respiration, ce qui facilitera l'assouplissement de votre corps. Si vous faites régulièrement des exercices, rapidement votre respiration va devenir plus régulière, plus profonde, votre qualité de vie s'en ressentira. Vous aurez l'impression d'être moins débordé qu'avant, peut-être tout simplement parce que vous aurez appris à mieux affronter les situations stressantes. Vous vous sentirez plus léger, plus satisfait de vous-même. En conclusion, en développant votre respiration, vous tirerez le meilleur profit de vos exercices d'assouplissement, pour votre bien-être.

les mécanismes de la respiration

La respiration est la chose la plus naturelle du monde. Elle est au cœur de notre vie physique. Elle est instinctive et involontaire et pourtant nous sommes loin de la laisser fonctionner naturellement. La plupart du temps, inconsciemment, nous limitons plus ou moins notre respiration. Pour mettre au jour ces restrictions, étudions les mécanismes de la respiration.

En simplifiant, notre système respiratoire est constitué d'un réseau de tuyaux et de poches qui couvre une surface importante au niveau de laquelle se produisent les échanges gazeux : nous absorbons de l'oxygène et rejetons du gaz carbonique (CO_2).

Lorsque nous inspirons, par la bouche ou par le nez, l'air passe par la trachée (située en dessous du larynx, siège des cordes vocales) et descend dans les poumons.

Les poumons n'ont pas de muscles. Ils réagissent aux changements de volume de la cage thoracique provoqués principalement par le diaphragme et les muscles intercostaux. Le changement de volume de la cage thoracique entraîne une modification de la pression à l'intérieur du thorax. Quand le diaphragme s'aplatit et que les muscles intercostaux soulèvent la poitrine, les poumons se remplissent d'air parce que la pression intrapulmonaire est plus basse que la pression atmosphérique. L'expiration correspond au relâchement du diaphragme et des muscles intercostaux.

La respiration est complètement involontaire ; vous ne pouvez pas décider de bloquer indéfiniment votre respiration, vous vous évanouiriez et aussitôt votre corps recommencerait à respirer. Les mécanismes de la respiration sont commandés par le taux de gaz carbonique dans le sang. Lorsqu'il atteint un certain seuil, le cerveau déclenche une nouvelle inspiration.

Le volume d'air maximal inspiré ou expiré est appelé la « capacité vitale ». Au repos, nous échangeons seulement 10 % de l'air contenu dans nos poumons (environ 600 ml). Après une expiration normale, moyenne, nous pouvons encore faire sortir environ 3 l d'air de nos poumons.
En effet, nos poumons ont une capacité beaucoup plus grande que la quantité d'air que nous mobilisons en temps normal. Une respiration volontaire et profonde nous permet de changer environ 80 % de l'air contenu dans les poumons. Les 20 % restants sont appelés l'air résiduel, ils restent en permanence dans les poumons.

La respiration est un processus simple qui a commencé au moment de notre naissance et qui ne s'arrêtera qu'à l'instant de notre mort. Observez la respiration d'un jeune enfant, le cycle respiratoire se déroule sans effort. Les mouvements partent du centre du corps ; le processus naturel n'a pas encore été modifié par l'acquisition de mauvaises habitudes.

Concentrez-vous sur votre corps. Votre tête est-elle bien en équilibre au sommet de votre colonne vertébrale, ou figée dans une position rigide ? Votre gorge et vos mâchoires sont-elles tendues ? Vos épaules remontent-elles vers vos oreilles ou se projettent-elles vers l'avant ? Votre poitrine est-elle creuse ou pointe-t-elle vers le haut ? Votre estomac est-il relâché ou tendu ? Dans quel état de tension sont vos genoux et vos pieds ? Tous ces détails, ces habitudes acquises, peuvent affecter votre respiration. Si votre position est mauvaise, les muscles qui participent aux mouvements respiratoires fonctionnent mal et les poumons ne peuvent développer leur volume maximal. Ceci aboutit généralement à une respiration superficielle haute que nous considérons, à tort, comme la respiration normale.

Ne vous tracassez pas. Il n'y a pas *une* bonne façon de respirer, mais seulement de mauvaises habitudes à perdre pour bien respirer.

exercices respiratoires

Les exercices physiques augmentent les besoins du corps en oxygène. C'est pourquoi vous respirez plus vite et plus profondément, particulièrement lorsque vous pratiquez des activités aérobies telles que la natation ou la course à pied. La modification du rythme respiratoire dure encore quelques minutes après l'arrêt de l'effort. La respiration aide le corps à récupérer.

Bien que les exercices présentés dans ce livre ne soient pas des exercices aérobies, la respiration est une composante essentielle des séances d'étirements. Pour fournir à votre corps l'oxygène dont il a besoin pour travailler, respirez profondément avant, pendant et après chaque étirement.

Votre rythme respiratoire est le baromètre qui vous indique la difficulté que vous éprouvez à faire un exercice. Vous devez chercher à conserver une respiration profonde et naturelle tout au long de votre séance d'étirements. Si brusquement vous haletez ou ressentez la nécessité d'une expiration plus forte, attention, ne poussez pas l'étirement en cours plus loin, vous pourriez vous faire mal. Si vous êtes en train de tenter une nouvelle posture, difficile, vous risquez de paniquer, votre respiration va devenir plus courte, plus

Bien que les exercices présentés dans ce livre ne soient pas des exercices aérobies, la respiration est une composante essentielle des séances d'étirements. Pour fournir à votre corps l'oxygène dont il a besoin pour travailler, respirez profondément avant, pendant et après chaque étirement.

superficielle, peut-être même allez-vous retenir votre souffle. Reprenez votre rythme respiratoire normal, la posture vous paraîtra plus facile et vous retrouverez votre calme. La description de certains exercices va vous suggérer de respirer « à travers un étirement ». C'est exactement ce que nous venons de décrire : vous devez consciemment utiliser votre respiration pour assouplir vos muscles.

À moins que la description de l'exercice ne vous donne une indication différente, inspirez toujours par le nez. C'est plus relaxant, et la relaxation et le bien-être sont les objectifs prioritaires des séances d'étirements. Si vous vous concentrez quelques minutes sur votre respiration avant et après votre séance, ça vous aidera à vous détendre, à perfectionner vos postures, à vous concentrer et vos séances seront bien plus bénéfiques.

Incorporez quelques exercices respiratoires simples dans votre programme d'échauffement. Gardez présent à l'esprit qu'ils ne sont qu'un moyen d'atteindre un but et que ce but est la relaxation. À moins d'avoir un travail qui vous demande de parler en public, vous n'êtes pas concerné par le processus respiratoire dans votre vie professionnelle.

En raison de l'effet calmant des exercices respiratoires, vous pouvez en faire n'importe où et n'importe quand. La vague (page 35) peut vous aider à surmonter une situation stressante sans que personne ne s'aperçoive que vous êtes en train de faire un exercice. Respirer profondément peut vous aider de deux façons à lutter contre l'envie de fumer une cigarette. D'une part, vous remplacez une activité – fumer – par une autre, sans danger – respirer –, d'autre part, concentré sur votre respiration, vous oubliez votre envie de fumer.

Relaxez-vous et profitez de ce moment de détente. Rappelez-vous qu'il n'y a pas *une* bonne façon de respirer, mais plusieurs façons d'intervenir sur un processus naturel. Si vous avez l'impression d'être trop sérieux, essayez de penser à quelque chose de tout à fait différent.

Le « Ah » expiré

Cet exercice tiré de la méthode mise au point par F. M. Alexander permet de prendre conscience de sa respiration. Il peut être effectué debout ou assis, mais de préférence debout. Installez-vous dans une pièce chaude et calme, et assurez-vous que vous ne serez pas dérangé. Mettez-vous au milieu de la pièce et, s'il y a une fenêtre, placez-vous en face et regardez dehors. La vue du paysage extérieur vous aidera à vous relaxer et à vous concentrer sur l'exercice. Pour commencer, restez immobile et parcourez mentalement votre corps en contrôlant les points suivants :

L'étreinte
Cet exercice vous permettra d'évaluer votre capacité respiratoire.
Debout, pieds à l'écartement du bassin, croisez les bras sur la poitrine, paumes des mains sur les épaules. Dans cette position, relâchez bras et épaules. La partie supérieure de votre corps doit être complètement détendue. Penchez-vous légèrement vers l'avant. Soufflez, en essayant de vider complètement vos poumons, puis laissez l'inspiration se faire automatiquement. Vous sentez vos côtes se soulever dans votre dos, avec la sensation que l'air descend le long de votre colonne vertébrale. Répétez plusieurs fois cet exercice excellent pour relâcher le bas du dos. Décroisez les bras et redressez-vous lentement pour ne pas éprouver de sensation de vertige.

• votre poids doit être réparti sur vos 2 pieds, sans tension dans les chevilles ;
• vos genoux ne doivent pas être bloqués ;
• vos hanches doivent être détendues, bassin librement incliné vers le sol ;
• vos abdominaux doivent être relâchés ;
• vos épaules doivent être basses, les bras pendant librement ;
• votre cou doit être détendu, pour cela laissez tomber votre nez et
imaginez que votre tête flotte vers le plafond.

Entrouvrez la bouche, la langue détendue un peu en arrière des dents du
bas. Souriez en pensant à quelque chose d'agréable. Soufflez doucement sur
le mode du soupir en émettant le son « Ah », jusqu'à ce que vous ayez vidé
vos poumons. Le son doit être à peine audible. Si vous entendez un
raclement de gorge ou un son bien net, vous n'êtes pas assez détendu.

Fermez la bouche et n'inspirez pas immédiatement, vous vous apercevrez
que vos côtes se soulèvent automatiquement. Rappelez-vous que si vous
vous concentrez sur l'expiration, l'inspiration se fera toute seule. Répétez ce
mouvement expiratoire au moins 5 fois avant de vous reposer et de faire le
vide dans votre esprit. Ne vous étonnez pas si vous avez une légère
sensation de vertige. Si c'est le cas, faites une pause avant de continuer.

La vague

Cet exercice respiratoire est un excellent moyen de se détendre en respirant,
en se concentrant, et donc de se préparer à une séance d'étirements.
Couchez-vous sur le dos, jambes allongées et bras le long du corps, paumes
des mains vers le haut. Fermez les yeux. Votre bouche est fermée, mais vos
mâchoires sont libres, ne serrez pas les dents et relâchez la langue.

Inspirez profondément, votre ventre doit se gonfler comme un ballon, en
comptant jusqu'à trois. Comptez jusqu'à trois avant de souffler par le nez,
toujours en comptant jusqu'à trois. Faites cet exercice plusieurs fois, en vous
concentrant bien sur votre respiration et en évacuant toutes les tensions de
la partie supérieure de votre corps. Vous allez trouver votre rythme
respiratoire naturel. Certains auront besoin de compter jusqu'à quatre,
voire cinq. Lorsque vous aurez trouvé votre propre rythme, vous pourrez
facilement le comparer à celui des vagues s'échouant sur la plage.

Lorsque vous inspirez, commencez par gonfler le ventre, puis le bas de la
cage thoracique et enfin le haut de la cage thoracique, vos épaules peuvent
éventuellement légèrement se soulever. Lorsque vous expirez, au contraire,
videz en premier le haut de votre cage thoracique, en relâchant les épaules,
puis abaissez les côtes et enfin aplatissez le ventre. Continuez aussi
longtemps que vous le souhaitez.

Le corps
point par point

En vous concentrant successivement sur chaque partie de votre corps, vous apprendrez à connaître son fonctionnement et les interrelations qui existent entre les différents muscles. Vous consacrerez plus particulièrement du temps aux zones dans lesquelles vous ressentez des tensions.

Quelques conseils

Pour assouplir et tonifier votre corps, vous devez d'abord observer comment fonctionnent ses différentes parties, en vous concentrant tour à tour sur chacune d'entre elles, comme un mécanicien démonte un moteur pour comprendre comment il marche et pour pouvoir le réparer.

Les pages qui suivent vont vous aider dans cette exploration ; vous y trouverez des exercices de base pour chaque partie du corps. Vous pouvez les aborder dans un ordre logique, en commençant par la tête et en finissant par les pieds (ou l'inverse), ou, selon votre fantaisie et votre humeur, en optant pour l'une ou l'autre série.

Au tout début, faites les exercices en essayant de déterminer les muscles qui travaillent et également quand et comment ils interviennent. Lorsque vous maintenez une posture, détendez-vous, respirez et observez les réactions de votre corps. Découvrez les interrelations des muscles. Certains étirements sont proposés plusieurs fois, parce qu'ils concernent plusieurs parties du corps. Ces exercices vous seront très utiles si vous ne disposez que de peu de temps.

Avec une pratique régulière, votre corps deviendra à la fois plus tonique et plus souple, vous pourrez répéter un étirement plusieurs fois de suite, tenir longtemps une posture ou tester des variantes plus difficiles que l'exercice de base. Chacun d'entre vous possède ses caractéristiques physiques propres ; telle partie de votre corps est souple, telle autre est plutôt raide. Au fur et à mesure de votre progression, notez les zones dans lesquelles vous ressentez des tensions et des blocages, de manière à pouvoir élaborer votre séance personnelle de pratique quotidienne et l'adapter à vos besoins.

Hanches et fessiers, page 70   Le cou, page 42   Le dos, page 52   Les épaules, page 44

Quel que soit l'étirement abordé, écoutez toujours votre corps. Ne continuez pas un exercice qui provoque une douleur. Pour progresser de manière continue et sûre, détendez-vous et avancez à votre rythme ; ne travaillez jamais en force.

1 Avant de commencer une série d'étirements, faites une pause de quelques minutes : concentrez-vous, respirez profondément et, surtout, détendez-vous.

2 Commencez par des étirements simples, faites-les en douceur. Essayez d'éliminer toute tension résiduelle avant d'aborder des exercices plus difficiles.

3 Les deux ou trois premiers étirements de chaque série sont des échauffements appropriés à la partie du corps concernée. En les combinant, vous obtiendrez un échauffement complet, de la tête aux pieds.

4 Le retour au calme est important après une série d'étirements. Vous avez commencé en douceur, terminez de la même façon.

5 Après la séance, prenez quelques minutes pour détendre complètement votre corps et votre esprit avant de reprendre le cours de vos activités.

Le visage
exercices pour...

Selon un adage, nous sourions volontiers parce que nous utilisons moins de muscles pour sourire que pour froncer les sourcils. Les mouvements de notre visage sont effectués par un réseau complexe de muscles. Les faire travailler et les tonifier augmente la mobilité de notre visage et atténue le relâchement apparaissant, malheureusement, au fil des ans.

Des muscles faciaux toniques ralentissent l'apparition des rides. Étirer en douceur les muscles du visage améliore la circulation sanguine et, par là même, l'éclat du teint. Apprenez à faire les exercices devant un miroir. Sans doute vous mettrez-vous à rire lorsque vous vous verrez faire des grimaces. Le rire étant la meilleure des médecines, allez-y de bon cœur !

Menton pointé...
Debout ou assis confortablement, penchez la tête en arrière, menton pointé vers le plafond. En poussant la mâchoire inférieure en avant de la mâchoire supérieure. vous sentirez un étirement sous le menton et dans tout le cou.

Étirement du front
Haussez puis abaissez les sourcils à la manière de Groucho Marx. Vous allez ressentir un étirement de tout le front, jusqu'aux oreilles qui vont d'ailleurs peut-être participer légèrement au mouvement. Répétez l'exercice autant de fois que vous le désirez.

Aou
Dites « aou », lentement et clairement. Au départ, votre bouche est largement ouverte. Refermez-la peu à peu en forçant la prononciation jusqu'au « ou » final, à lèvres presque fermées. Répétez cet exercice plusieurs fois de suite.

Demi-sourires
En gardant la moitié droite du visage immobile, tirez le côté gauche de la bouche vers l'oreille (1), puis inversez (2). Vous devez sentir un étirement dans le visage et dans le cou. Si vous éprouvez plus de difficulté à faire cet exercice d'un côté, accompagnez le mouvement avec la main pour ressentir le travail des muscles.

Le groin de cochon
Commencez par pincer les lèvres en les serrant aussi fort que possible (1). Puis, tout en gardant les lèvres serrées, avancez-les vers l'avant jusqu'à ce qu'elles forment une sorte de groin de cochon (2). Enfin souriez très largement en étirant les commissures des lèvres vers les oreilles. Répétez l'exercice 5 fois de suite.

Suivre l'heure

Asseyez-vous confortablement, dos droit, épaules et cou relâchés. Pensez à une horloge : levez les yeux à midi, puis suivez le fil du temps en marquant une pause sur chaque heure. Ne bougez ni la tête ni les épaules, seuls les yeux travaillent. Faites l'exercice 2 fois dans le sens des aiguilles d'une montre et 2 fois dans le sens contraire. Pour reposer vos yeux après l'exercice, frottez vos deux paumes de main l'une contre l'autre pour les réchauffer et posez vos mains sur vos yeux fermés. Détendez-vous.

Le lion

Cet exercice s'inspire d'une posture de base du yoga, qui permet d'étirer l'ensemble du visage. Debout ou assis, ouvrez largement les yeux, puis la bouche, et tirez la langue vers l'avant et vers le bas, en grognant doucement de satisfaction comme un lion repu. Bras tendus et dégagés du corps, paumes de main vers l'avant, doigts en éventail, vous devez ressentir un étirement des muscles du cou, des épaules et des bras.

Le cou
exercices pour...

Le cou est un des meilleurs exemples de la beauté et de la complexité du corps humain. Point de jonction de la tête et du buste, il relie le cerveau au corps tout entier. Sa mobilité est très étendue : rotation, vers la droite ou vers la gauche, flexion-extension, vers l'avant et vers l'arrière, inclinaison latérale. Enfin, la combinaison des mouvements précédents lui permet d'effectuer un mouvement complexe, la circumduction. Par ailleurs, le cou supporte en permanence le poids de la tête, c'est-à-dire 6 à 8 kg.

Au début, les étirements du cou peuvent vous paraître ingrats ; ne vous découragez pas et travaillez en douceur, en prêtant toujours attention aux messages que vous envoie votre corps. En peu de temps, vous vous apercevrez avec plaisir que l'amplitude des mouvements de votre cou a augmenté.

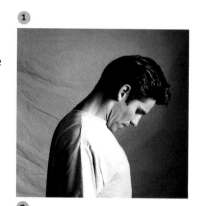

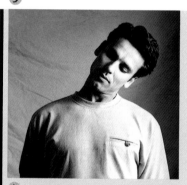

Étirement latéral du cou
Assis ou debout, inclinez la tête vers la gauche, en essayant de toucher l'épaule avec l'oreille. Entourez votre tête avec votre bras gauche et posez la paume de la main sur l'oreille droite (1). Relâchez le bras, son poids exerce une légère pression sur votre tête. Pour augmenter l'étirement, tendez le bras droit à l'horizontale sur le côté, poignet fléchi. Tenez la position 20 secondes et, après un temps de repos, changez de côté (2).

Dessiner une croix avec la tête
Laissez tomber la tête vers l'avant jusqu'à ce que votre menton touche votre poitrine (1). Relevez la tête lentement, puis inclinez-la vers la droite, en essayant de toucher l'épaule avec l'oreille (2). Faites la même chose à gauche (3). Pour finir, penchez la tête vers l'arrière, en regardant le plafond (4). Gardez les épaules basses, et faites 3 fois cet exercice.

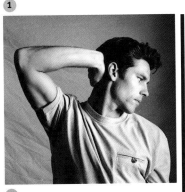

Torsion de la tête et du cou
Asseyez-vous confortablement par terre ou sur une chaise. Mettez votre main droite derrière votre tête, à la base du crâne. Inclinez la tête vers l'avant puis tournez-la vers l'épaule gauche (1), en la poussant légèrement avec la main. Tournez la tête vers le haut et vers la droite, et appuyez-la contre votre bras droit (2). Changez de côté. Essayez de garder chaque posture au moins 15 secondes.

La poule
Pour vous aider, pensez à la façon comique dont les poules bougent la tête. Pointez le menton vers le bas et vers l'avant, sans projeter le cou vers l'avant, puis tirez-le lentement vers l'arrière (1), en bougeant le moins possible les épaules et le dos. Pointez à nouveau la tête vers l'avant, à partir du menton, aussi loin que possible (2). Faites ce mouvement d'avant en arrière 5 à 6 fois.

Étirement de la nuque
Cet exercice est très efficace pour soulager les maux de tête. Assis ou debout, laissez tomber votre tête vers l'avant, le menton dirigé vers la poitrine, mais sans courber le dos. Croisez les mains derrière la tête. Détendez les bras, leur poids va entraîner doucement la tête vers le bas et contre la poitrine. Maintenez cette posture au moins 10 secondes, puis relâchez et détendez-vous.

Le poisson inversé
Cette posture de yoga est excellente pour le cou. Allongez-vous sur le dos, mains sous les fesses, paumes de mains à plat sur le sol. En prenant appui sur les coudes, soulevez le buste en creusant le dos jusqu'à ce que seul le sommet du crâne soit en contact avec le sol. Le poids du corps repose sur les coudes et sur le dos cambré mais détendu. Respirez profondément, en ouvrant largement la cage thoracique et en dilatant les poumons. Tenez cette posture de 30 secondes à 1 minute avant de reposer doucement le dos.

Les épaules
exercices pour...

Les épaules réagissent tout particulièrement au stress de la vie moderne. Un des premiers signes de tension ou de fatigue est le blocage des épaules en position haute. Cette attitude risque de s'installer, et il n'est pas facile de retrouver la position naturelle des épaules basses et détendues.

La mauvaise position des épaules peut avoir également une cause physique : porter toujours du même côté un sac en bandoulière, s'asseoir n'importe comment. Lorsque vous arriverez à relâcher et à baisser les épaules, vous vous apercevrez que vous vous tenez plus droit, que vous respirez mieux et que vous êtes plus détendu.

Le « T »
Debout, montez lentement les bras à l'horizontale sur le côté. Étirez-les au maximum à partir des épaules ; coudes, poignets et doigts en extension. Les épaules doivent rester basses et détendues. Pour vous aider à garder les épaules basses et les bras parallèles au sol, faites cet exercice devant un miroir. Essayez de maintenir la posture pendant 1 minute. C'est moins facile qu'il y paraît.

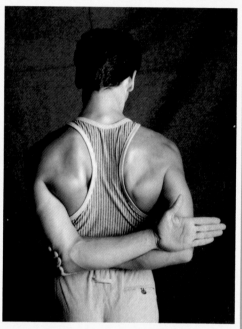

Demi-nelson
Pliez le bras gauche dans le dos et prenez le coude dans votre main droite. Tirez le bras à la fois vers l'arrière et vers la droite pour étirer l'épaule. Gardez les coudes pliés et le corps droit. Maintenez l'étirement pendant environ 30 secondes, puis changez de côté.

Roulements d'épaules
Debout, bras relâchés le long du corps, montez une épaule vers l'oreille. Faites tourner l'épaule lentement vers l'avant, le bas, l'arrière et à nouveau le haut, vers l'oreille, en essayant de dessiner un cercle aussi parfait et complet que possible. Faites cet exercice 3 fois dans ce sens, puis 3 fois dans l'autre sens, avant de passer à l'autre épaule. Le reste du corps ne bouge pas et reste détendu.

Battements d'ailes

Cet exercice vous rappellera un jeu d'enfant. Fermez les poings et placez-les sous les aisselles. Bougez ensuite vigoureusement les bras, vers le haut et vers le bas, comme si vous cherchiez à vous envoler. Battez ainsi des ailes pendant environ 30 secondes.

Ciseaux

Debout, pieds à l'écartement du bassin, tendez les bras devant vous, paumes de mains face à face. Faites des ciseaux avec les bras. Le mouvement doit être énergique mais contrôlé. Tout en faisant les ciseaux, déplacez les bras verticalement, de haut en bas et de bas en haut, des épaules aux hanches et des hanches aux épaules. Faites 2 aller et retour.

Le pendule

Debout, pieds à l'écartement du bassin, penchez-vous vers l'avant jusqu'à ce que votre buste soit à peu près parallèle au sol. Balancez les bras vers l'avant et vers le haut, le mouvement part des épaules (1). Laissez-les ensuite retomber vers le bas (2), puis vers le haut et vers l'arrière jusqu'à ce qu'ils se trouvent au-dessus du dos (3). Gardez le corps parfaitement immobile, seuls les bras et les épaules travaillent. Faites 10 fois ce mouvement de balancier qui doit être libre et facile.

Pendu par les bras

Allongez-vous à plat ventre sur le sol, environ 20 centimètres devant une chaise. Posez les paumes de mains à plat sur le siège de la chaise. Étirez les bras, et laissez pendre votre tête vers le sol. Essayez de vous détendre dans cette position que vous gardez 1 minute environ. Reposez-vous avant de recommencer.

Étirement avec bâton
Debout, pieds à l'écartement du bassin, prenez un manche à balai (ou un bâton équivalent) par ses deux bouts. Tendez les bras à l'horizontale devant vous, paumes de mains tournées vers le sol. En gardant les bras tendus, montez le bâton au-dessus de votre tête. Marquez une pause, puis descendez le bâton derrière votre dos, en gardant les bras tendus. Marquez une nouvelle pause, puis faites le mouvement en sens inverse. Faites cet exercice 3 fois. Lorsque vos épaules seront plus souples, vous pourrez rapprocher vos mains sur le bâton.

①

②

La tête de vache

Debout, ou assis confortablement sur le sol, levez le bras droit au-dessus de la tête et, éventuellement en vous aidant de votre main gauche, tendez-le au maximum vers le haut de manière à avoir tout le côté droit étiré (1).
Pliez le coude. Votre avant-bras se trouve alors derrière votre tête. Saisissez votre coude droit avec votre main gauche et tirez votre avant-bras droit vers le bas, en augmentant peu à peu l'étirement. Le coude droit pointe vers le haut. Portez ensuite le bras gauche dans le dos et saisissez votre main droite avec votre main gauche (2). Si vous n'arrivez pas à joindre les mains, attrapez votre tee-shirt. Gardez la position 30 secondes. Reposez-vous avant de changer de côté.

①

②

Flexion avant
mains jointes

Debout, pieds à l'écartement du bassin, croisez les mains derrière le dos, et penchez-vous vers l'avant à partir de la taille. Laissez vos bras suivre naturellement le mouvement (1). Vous devez ressentir un étirement de toute la face postérieure de votre corps, des mollets aux épaules. Décroisez les mains et laissez vos bras pendre librement (2). Balancez doucement la tête d'avant en arrière et de gauche à droite pour détendre votre nuque.

①

②

Enrouler/dérouler
les épaules

Assis sur une chaise ou debout, les bras le long du corps, portez les épaules en avant, en les gardant basses et au même niveau, comme si vous vouliez les faire se toucher devant votre poitrine (1). Maintenez la position 10 secondes. Inversez ensuite le mouvement en tirant les épaules vers l'arrière comme si vous vouliez faire se toucher vos omoplates (2). Tenez également cette position pendant 10 secondes.

Les bras et les mains
exercices pour...

Lacer ses chaussures ou écrire demande de la précision ; porter des paquets ou soulever un enfant, autres circonstances où vos bras et vos mains sont mis à contribution, exige de la force. Vos membres supérieurs participent également à la plupart de vos activités de loisir, que ce soit pour tenir une raquette de tennis ou tourner les pages d'un livre. Ils sont toujours en mouvement et rarement au repos.

Ne vous étonnez pas si cette partie de votre corps est le siège de raideurs et de douleurs. Des étirements et de petites mobilisations en douceur vous permettront de retrouver à la fois de la souplesse et de la force dans les mains et dans les bras.

1

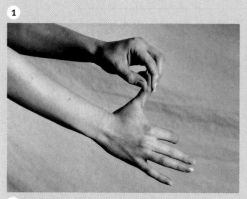

1

2

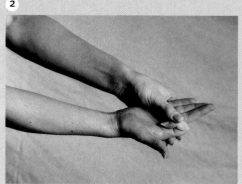

2

Rotation des doigts

Il s'agit plus d'un massage que d'un exercice, et c'est aussi agréable qu'efficace. Les pianistes l'utilisent souvent comme échauffement. En commençant par le pouce, tenez chaque doigt à son tour avec l'autre main et imprimez-lui un mouvement de rotation dans les deux sens (1). Toujours en commençant par le pouce, tirez chaque doigt en arrière vers le poignet, puis poussez-le vers l'intérieur de la paume (2). Faites la même chose avec l'autre main.

Le « T » avec travail des poignets

Debout, montez lentement les bras à l'horizontale sur le côté. Étirez-les au maximum à partir des épaules ; coudes, poignets et doigts en extension. Les épaules doivent rester basses et détendues. Faites une série de 30 flexions-extensions des poignets (1 et 2), puis baissez les bras et secouez-les doucement pour les détendre. Remontez les bras à l'horizontale et cette fois tournez les mains 15 fois vers l'avant et 15 fois vers l'arrière.

Grands battements d'ailes
Debout, pieds à l'écartement du bassin, bras le long du corps, paumes de mains tournées vers l'extérieur et pouces vers l'arrière, montez lentement les bras aussi haut que possible, sans arrondir le dos. Baissez les bras lentement. Refaites cet exercice 5 fois.

Rotation des paumes de mains
Tendez le bras gauche devant vous, paume de main tournée vers le haut. Imprimez un mouvement de rotation externe à la paume, en vous aidant de la main droite. Le mouvement doit partir de l'épaule. Tenez la position 15 secondes et changez de bras.

La tour
Assis sur une chaise, pieds à plat sur le sol, levez les bras au-dessus de la tête, croisez les mains, paumes tournées vers le plafond, et étirez les bras vers le haut. Les coudes doivent être tendus et les bras en arrière des oreilles. Détendez-vous, respirez, et gardez la position pendant 1 minute avant de vous reposer et de recommencer. Décroisez les doigts et recroisez-les en mettant l'autre pouce dessus. Recommencez 2 fois.

Dessus/dessous

Vous pouvez faire cet exercice debout ou assis. Tendez les bras devant vous, et mettez vos mains dos à dos. Levez la main gauche et posez-la sur la main droite, le dos contre la paume droite, et croisez les doigts. En pliant les coudes, amenez les mains vers la poitrine (1), puis tendez les bras à l'horizontale devant vous (2). Tendez les bras au maximum en gardant les doigts croisés. Maintenez cette position environ 20 secondes avant de recommencer l'exercice, cette fois en posant la main droite au-dessus de la main gauche.

Mains jointes dans le dos

Cet exercice aussi peut être fait assis ou debout. Mettez les bras dans le dos, paumes de mains l'une contre l'autre, doigts pointés vers le sol. En tournant les poignets et en pointant les coudes vers le bas, retournez les mains vers le haut. Serrez les paumes l'une contre l'autre. Gardez la position environ 30 secondes puis recommencez cet étirement.

Étirement des avant-bras

À genoux sur le sol, posez les mains devant vous de telle façon que vos doigts soient dirigés vers vos genoux, pouces à l'extérieur. En gardant les bras tendus, glissez doucement vers l'arrière pour aller vous asseoir sur vos talons. Tenez 20 secondes et relâchez.

Le sémaphore

Debout, bien en équilibre, tendez les bras à l'horizontale sur le côté, paumes de mains tournées vers l'arrière. En gardant les bras horizontaux, pliez les coudes pour amener les mains sur la poitrine, au niveau des épaules (1). Faites ensuite le mouvement en sens inverse pour revenir à la position initiale (2). Répétez 20 fois, en gardant toujours les bras à l'horizontale, au niveau des épaules.

Presser une balle de tennis

Prenez une balle de tennis dans chaque main et pressez-les aussi fort et aussi longtemps que vous pouvez, sans vous fatiguer. Pour varier, vous pouvez, tout en pressant les balles, monter et descendre les bras en gardant les coudes en extension mais sans les bloquer. Faites cet exercice aussi souvent et aussi longtemps que vous le désirez.

Le pingouin

Cet exercice est proche des *Grands battements d'ailes* décrits page 49. Debout, tendez les bras derrière vous, paumes de mains tournées vers le plafond. En gardant le reste du corps parfaitement immobile, montez les bras aussi haut que possible puis abaissez-les. Recommencez 10 fois. Vous devez ressentir un étirement de la face externe des bras.

Le dos
exercices pour...

Les articulations des vertèbres entre elles permettent à la colonne vertébrale d'effectuer des mouvements de flexion (vers l'avant), d'extension, d'inclinaison latérale et de rotation (torsion). Le mouvement le plus couramment effectué est la flexion, une posture que nous maintenons souvent trop longtemps et qui provoque des douleurs dorsales ou lombaires.

Quelques exercices pratiqués régulièrement aideront votre dos à retrouver sa mobilité et sa souplesse tout en tonifiant les muscles qui soutiennent la colonne vertébrale. Très vite, vous vous apercevrez que vous vous tenez plus droit, que vous respirez plus librement. Pour les exercices concernant le dos, procédez en douceur et sans précipitation ; les progrès seront lents mais durables.

Genou à la poitrine
Allongez-vous à plat dos sur le sol. Pliez le genou droit, attrapez-le avec vos deux mains et tirez-le vers votre poitrine par de petits mouvements de traction progressifs. Au bout de 30 secondes, relâchez et faites la même chose avec l'autre jambe. Si vous trouvez cet exercice très facile, passez à la posture ci-dessous (Tête au genou).

Le demi-pont
Allongez-vous à plat dos sur le sol, jambes tendues, bras le long du corps, paumes de main sur le sol. Votre colonne vertébrale doit être en contact avec le sol. Creusez alors le dos de manière à ce que seules les épaules et les fesses touchent terre. Répétez l'exercice 10 fois.

Tête au genou
Allongez-vous à plat dos sur le sol et, comme pour la posture « genou à la poitrine », attrapez votre genou droit avec vos deux mains et tirez-le vers votre poitrine. Levez la tête et essayez de toucher votre genou avec votre front. Si vous y arrivez facilement, essayez alors de toucher votre genou avec votre nez ou avec une oreille. Au bout de 30 secondes, relâchez la posture et faites la même chose avec l'autre jambe.

Soulever le bassin
Allongez-vous à plat dos sur le sol, genoux pliés, pieds à l'écartement du bassin. Sans bouger ni les épaules ni les pieds, montez le bassin aussi haut que possible, puis redescendez lentement. Répétez 10 fois. Lorsque vous descendez le dos pour la dernière fois, faites-le lentement en posant une vertèbre après l'autre, en commençant par le haut.

Le pont
Avant d'arriver à prendre cette posture difficile (2), effectuez l'exercice préparatoire suivant (1). Allongez-vous à plat dos sur le sol, genoux pliés, pieds à l'écartement du bassin. Prenez vos chevilles dans vos mains – si vous n'y arrivez pas, posez vos paumes de mains au sol, bras tendus le long du corps. Montez le bassin le plus haut possible. Tenez cette position 15 secondes puis redescendez doucement, en posant une vertèbre après l'autre, en commençant par le haut du dos. Lorsque vous êtes prêt à tenter la posture du pont, allongez-vous, genoux pliés, mais placez vos mains à côté de votre tête, paumes au sol et doigts dirigés vers les pieds. Poussez avec les bras et les jambes pour décoller le dos du sol. Ne vous découragez pas si vous ne réussissez pas à la première tentative. Maintenez la position quelques secondes, et redescendez doucement.

Torsion en position assise

La description de cet étirement peut paraître compliquée, mais en réalité il n'est pas du tout difficile. Asseyez-vous sur le sol, jambes tendues devant vous, dos bien droit. Pliez le genou droit et placez le pied droit à l'extérieur du genou gauche. Posez la main droite par terre derrière la fesse droite, coude en extension.
Levez le bras gauche et passez-le devant le genou droit pour aller poser la main sur la jambe droite, coude en extension. Tournez la tête vers l'arrière et regardez le plus loin possible au-delà de votre épaule droite, en pensant à étirer le bas du dos vers le haut. Maintenez la posture pendant au moins 1 minute. Avant de vous détendre et de changer de côté, revenez à la position initiale. Pour mémoriser la posture, souvenez-vous que le bras opposé passe au-dessus de la jambe pliée.

La vrille

Debout, pieds à l'écartement du bassin, sans décoller les pieds du sol, tournez le buste comme si vous vouliez regarder derrière vous. Pensez à garder les épaules basses. En vous aidant des bras, essayez d'augmenter la torsion lorsque vous expirez. Maintenez la position 30 secondes, puis tournez-vous de l'autre côté.

Flexion avant debout
Debout, pieds à l'écartement du bassin, penchez-vous vers l'avant et posez les mains sur le sol. Vous devez avoir la sensation que le haut de votre corps est suspendu à vos hanches. Répartissez bien le poids du corps sur les deux pieds et, à chaque expiration, allongez le dos et relâchez les abdominaux. Remontez lentement en déroulant le dos, vertèbre après vertèbre.

1

2

Souplesse arrière
Debout, jambes légèrement écartées, mettez les mains sur les hanches. Étirez-vous vers l'arrière en contractant les muscles fessiers et en faisant descendre vos mains le long de l'arrière des cuisses. Vous devez ressentir un étirement de la partie haute du dos et des muscles abdominaux. Quand vous serez plus souple et que vous aurez un meilleur équilibre, vous pourrez vous étirer vers l'arrière avec les bras tendus au-dessus de la tête.

Le chameau
Agenouillez-vous sur le sol, jambes légèrement plus écartées que le bassin. Penchez-vous vers l'arrière, et posez la main droite sur le talon droit en gardant le buste et le bassin parallèles à vos jambes. Lorsque vous vous sentez bien en équilibre dans cette position, posez la main gauche sur le talon gauche et inclinez la tête en arrière. Pendant toute la durée de cet exercice, contractez les muscles fessiers pour ne pas forcer sur la région lombaire. Pour augmenter l'intensité de l'étirement, poussez les hanches vers l'avant.

Le gros dos
Mettez-vous à quatre pattes, paumes de mains sur le sol à l'écartement des épaules. Creusez le dos et pointez le menton vers le plafond (1). Ensuite, faites le gros dos en rentrant le ventre et en baissant la tête (2). Faites ce mouvement une dizaine de fois.

1

2

Jeu de pied

Mettez-vous à quatre pattes et allongez la jambe gauche sur le côté, le pied en contact avec le sol par les orteils. Tournez la tête à gauche pour regarder votre pied (1). En gardant la jambe gauche tendue et proche du sol, allez poser le pied gauche à l'extérieur du pied droit, et tournez la tête à droite pour regarder votre pied (2). Revenez à la position de départ et recommencez 2 fois avant de changer de jambe.

Étirement de la jambe sur le côté

Allongez-vous sur le côté gauche. Appuyez la tête sur la main gauche et posez la main droite devant vous. Après avoir contrôlé l'alignement de votre corps, bloquez le genou droit en extension, fléchissez la cheville, et montez la jambe droite aussi haut que possible. Baissez la jambe lentement. Recommencez 10 fois et, après un temps de repos, changez de jambe.

Le bateau

Allongé sur le ventre, croisez les mains dans le dos, et tendez les bras. En inspirant, soulevez la tête, le haut du buste et les jambes, et gardez la position le plus longtemps possible (1). Une variante de cet exercice consiste à tendre les bras en avant (2), puis, lorsque vous avez soulevé la tête, le haut du buste, les bras et les jambes, à vous balancer d'avant en arrière comme un bateau ballotté par les vagues.

L'Égyptienne

Asseyez-vous sur vos talons en vous installant confortablement. Joignez vos paumes de mains au-dessus de votre tête. Les coudes restant fléchis, tirez-les en arrière (1). Penchez-vous lentement vers l'avant en ne décollant pas les fesses des talons. Les bras restent dans le prolongement du dos. Concentrez-vous sur le bas de votre dos et contrôlez le déroulement du mouvement (2). Quand vous vous êtes étiré au maximum, reposez-vous quelques secondes, le front posé sur le sol (3). Redressez-vous lentement en commençant par la tête et le haut du dos jusqu'à vous retrouver dans la position de départ. Baissez les bras et reposez-vous. Répétez cet exercice 3 fois de suite.

Torsions allongé sur le dos

Allongé sur le dos, même dans votre lit, vous pouvez effectuer 2 exercices de torsion. L'un concerne le haut de la colonne vertébrale, l'autre le bas de la colonne. Pour la partie haute, posez votre tête sur vos paumes de mains, les coudes sont sur le sol (1). En essayant de ne pas décoller les talons du sol, tournez le buste vers la gauche et essayez de toucher le sol avec votre coude droit (2). Tenez 30 secondes, puis détendez-vous. Faites la même chose de l'autre côté.

Pour le bas de la colonne : levez la jambe droite et posez-la parallèle à votre bras gauche (3). Gardez les épaules en contact avec le sol. Pour augmenter l'étirement, tournez la tête du côté droit. Faites la même chose de l'autre côté.

❶ La charrue

Inspirée du yoga, cette posture étire l'ensemble du corps. Allongé à plat dos sur le sol, bras le long du corps, paumes de mains sur le sol, vous pliez les genoux, montez les jambes vers la poitrine, puis vous les lancez vers l'arrière jusqu'à ce que vos pointes de pied touchent le sol derrière votre tête. Seule votre nuque est en contact avec le sol (si vous ne parvenez pas à poser les pieds par terre, mettez un tabouret ou une chaise derrière votre tête pour y poser les pieds). Le menton sur la poitrine et les bras toujours allongés, entrelacez vos doigts et essayez de toucher le sol avec vos orteils (1). Pour obtenir un étirement plus intense, rapprochez les coudes. Si vous respirez un peu difficilement, ne vous inquiétez pas et respirez à fond lorsque vous vous détendez.

Lorsque vous serez devenu plus souple, vous pourrez poser les genoux à côté des oreilles et attraper les chevilles avec les mains (2). Pour revenir à la position de départ, gardez les genoux pliés et accompagnez de vos mains le mouvement de votre dos qui se déroule sur le sol, vertèbre après vertèbre.

❷

Le chien en arrêt
Cet étirement est aussi un excellent exercice d'équilibre. Mettez-vous à quatre pattes, et regardez droit devant vous. Tendez la jambe droite vers le haut et vers l'arrière, aussi haut que possible, sans monter la hanche. Lorsque vous vous sentez en équilibre, levez et tendez le bras gauche vers l'avant. Gardez la position 10 secondes, détendez-vous et changez de côté.

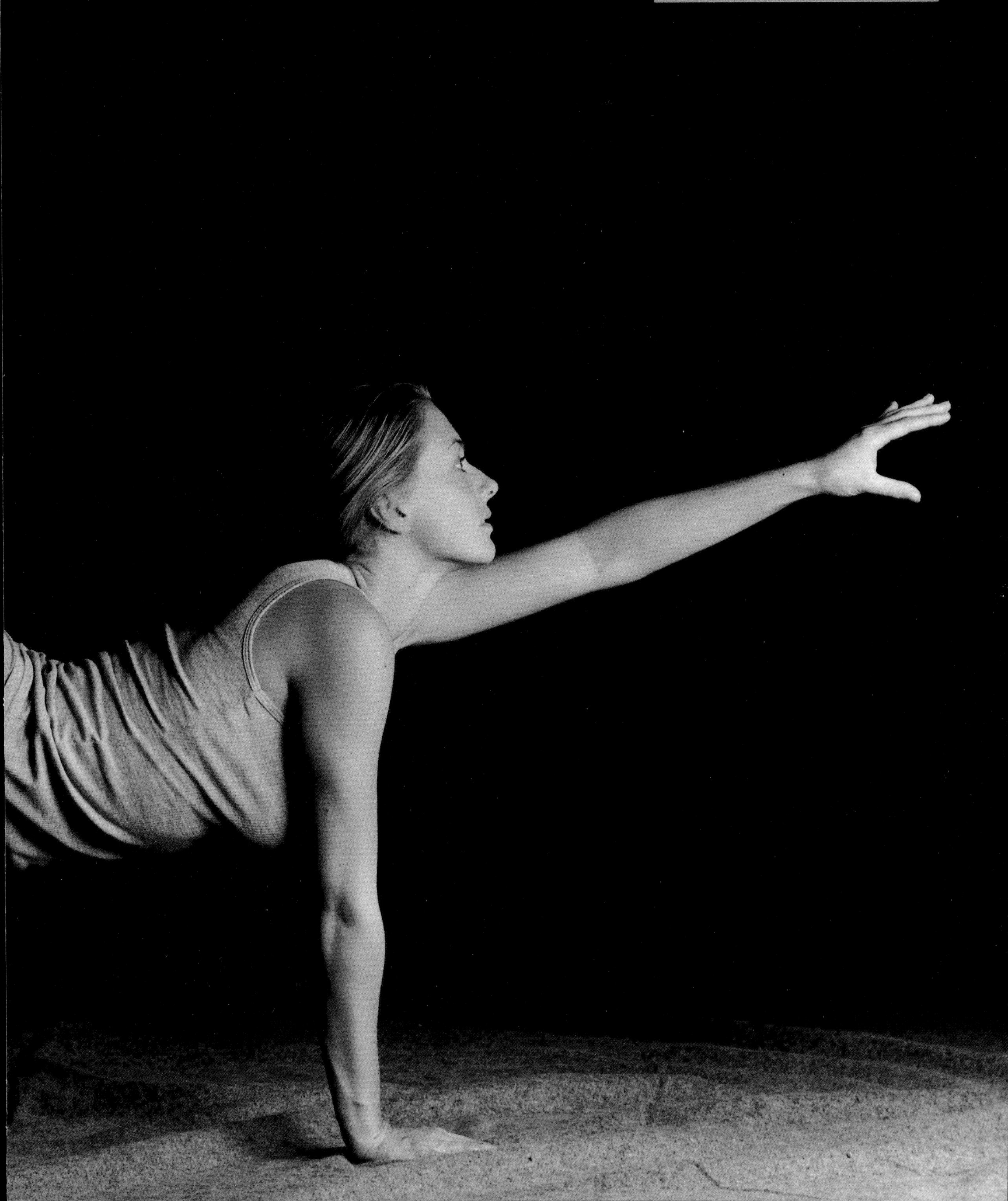

La planche à repasser
Debout, tendez les bras au-dessus
de la tête, paumes de mains
jointes. En gardant les bras
appuyés contre les oreilles et
le dos bien droit, penchez-vous à
partir de la taille jusqu'à ce que
votre buste soit horizontal. Gardez
la position environ 30 secondes.
Si cet étirement vous paraît
difficile, pour commencer, prenez
appui avec les mains sur un rebord
de fenêtre ou sur un dossier
de chaise.

Torsion à genoux
Mettez-vous à quatre pattes.
Allongez le bras gauche sur le sol,
paume de la main tournée vers le
plafond, puis faites glisser le bras
le plus loin possible vers la droite
entre le bras et le genou droits.
Pour cela, enroulez l'épaule
gauche et pliez le coude droit
jusqu'à vous retrouver à demi-
allongé sur le sol, en appui sur
le côté gauche de la tête et le
haut de l'épaule gauche.
Gardez la position 10 secondes ;
recommencez 2 fois avant de
changer de côté.

Étirement du buste
Debout, pieds à l'écartement du
bassin, ou assis sur une chaise,
pieds bien à plat sur le sol, pliez
les bras au-dessus de la tête,
chaque main reposant sur le
coude opposé. Tirez vos bras le
plus possible vers l'arrière, puis
inclinez-vous lentement sur le côté
droit. Détendez-vous et respirez.
Tenez la position environ 10
secondes. Revenez à la verticale et
inclinez-vous sur le côté gauche.
Étirez-vous 3 fois de chaque côté.

Demi-lune
Debout, pieds à l'écartement du
bassin, levez le bras gauche
au-dessus de la tête et inclinez-
vous lentement sur la droite,
sans vous pencher ni vers l'avant
ni vers l'arrière. Vous devez
ressentir un étirement prononcé
de tout le côté gauche.
Tournez légèrement la tête vers le
haut. Gardez la position pendant
10 secondes environ, puis
changez de côté. Étirez-vous 2 fois
de chaque côté.

Étirement allongé sur le côté
Allongez-vous sur le côté gauche,
bras gauche tendu dans le
prolongement du corps, paume
de main sur le sol et oreille gauche
posée sur le bras gauche. Posez
votre main droite devant vous. En
vous aidant de ce point d'appui,
soulevez la tête et le buste aussi
haut que possible, en gardant les
jambes serrées et posées sur le sol,
et sans torsion du buste. Revenez
ensuite à la position de départ et
recommencez 5 fois.
Lorsque vous serez plus sûr de
vous, vous pourrez soulever les
jambes en même temps que le
buste, comme sur l'illustration.

Torsion en « J »
Allongez-vous sur le dos, genoux
fléchis, pieds à plat sur le sol,
écartés de 20 centimètres environ
(1). Laissez les genoux tomber sur
la gauche, en gardant les épaules
en contact avec le sol. Le but est
de toucher le genou droit avec le
pied gauche, sans trop forcer (2).
Si cet étirement vous semble
facile, vous pouvez l'intensifier en
tirant le pied droit vers le dos.
Le genou gauche reste en contact
avec le pied droit ; vous dessinez
ainsi un « J » avec votre corps.
Maintenez la posture 20 secondes,
puis changez de côté.

Le berceau
Allongez-vous à plat dos sur le sol. Pliez
les genoux et tirez-les vers votre poitrine
avec les mains (1). Détendez-vous,
puis bercez-vous doucement, d'un côté
à l'autre, en portant les jambes vers la
droite, lorsque la tête va vers la gauche,
et vice-versa (2). Bercez-vous ainsi
pendant environ 45 secondes.

Le cobra et variantes

Allongez-vous sur le ventre et posez vos mains à plat sur le sol, coudes fléchis, bras verticaux. Relevez lentement la tête en cambrant le dos. Ne poussez pas sur les bras mais utilisez vos muscles abdominaux et dorsaux. Maintenez cette posture 10 secondes, puis essayez de vous soulever un peu plus et tenez encore 10 secondes. Vous trouverez ci-contre quelques variantes de la posture de base qui vient d'être décrite. Vous pouvez les aborder dès que vous vous sentez à la fois plus fort et plus souple. Commencez toujours par la posture de base, et soyez à l'écoute de votre corps, ce qui vous aidera à décider si vous pouvez pousser l'étirement plus loin.

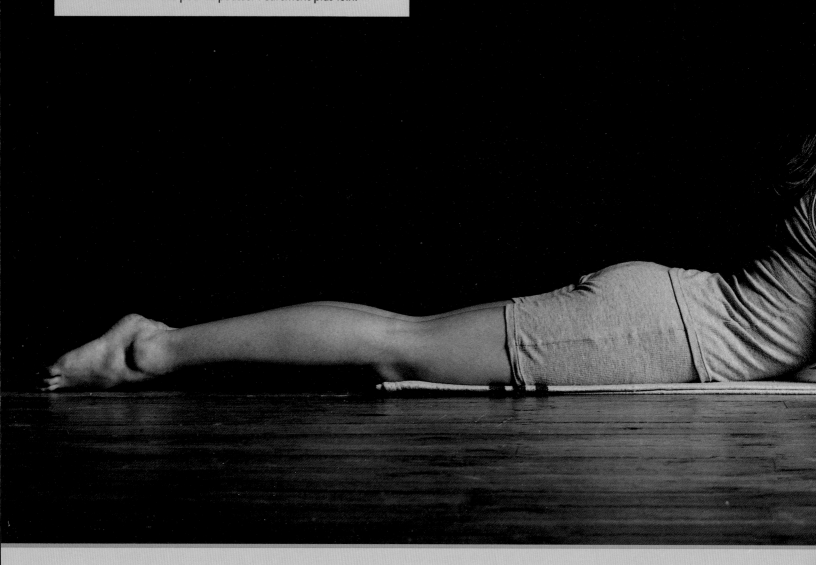

1

À partir de la posture de base :

Décollez les mains du sol
sans laisser retomber le buste.
Maintenez 10 secondes.

2

Tournez la tête vers la droite, en
essayant de voir votre dos et même
votre pied gauche. Revenez de face
puis tournez-vous à gauche.

3

Tendez les bras, prenez appui sur
les orteils et décollez le corps du
sol. Maintenez quelques secondes
puis reposez-vous.

4

Tendez les bras, prenez appui sur
les orteils et décollez le corps du
sol. Passez la jambe gauche sur la
jambe droite. Tournez la tête pour
regarder par-dessus votre épaule
droite. Tenez quelques secondes
et revenez à la position de départ.

5

Tendez les bras, prenez appui sur
les orteils et décollez le corps du
sol. Soulevez et abaissez d'abord
la jambe droite, puis la jambe
gauche.

Les muscles abdominaux
exercices pour...

Le ventre plat est à lui seul le symbole d'une minceur idéale qui vous paraît peut-être hors de portée. Il faut au contraire vous convaincre qu'avoir le ventre d'un dieu grec ou d'un mannequin est chose possible avec un peu de volonté et quelques exercices appropriés.

Sans parler de l'aspect esthétique, une ceinture abdominale tonique protège la région lombaire, qui est au contraire fragilisée par des muscles abdominaux relâchés. Quelques minutes par jour et vous verrez des changements dans votre attitude corporelle. Non seulement votre silhouette va changer, mais vous vous sentirez mieux et éviterez des problèmes ultérieurs de colonne vertébrale.

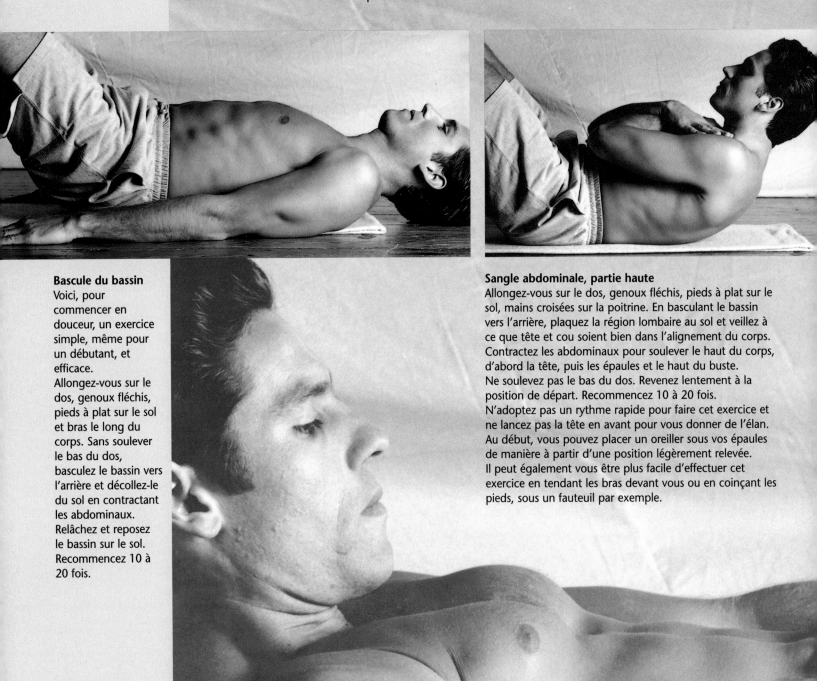

Bascule du bassin
Voici, pour commencer en douceur, un exercice simple, même pour un débutant, et efficace.
Allongez-vous sur le dos, genoux fléchis, pieds à plat sur le sol et bras le long du corps. Sans soulever le bas du dos, basculez le bassin vers l'arrière et décollez-le du sol en contractant les abdominaux. Relâchez et reposez le bassin sur le sol. Recommencez 10 à 20 fois.

Sangle abdominale, partie haute
Allongez-vous sur le dos, genoux fléchis, pieds à plat sur le sol, mains croisées sur la poitrine. En basculant le bassin vers l'arrière, plaquez la région lombaire au sol et veillez à ce que tête et cou soient bien dans l'alignement du corps. Contractez les abdominaux pour soulever le haut du corps, d'abord la tête, puis les épaules et le haut du buste. Ne soulevez pas le bas du dos. Revenez lentement à la position de départ. Recommencez 10 à 20 fois.
N'adoptez pas un rythme rapide pour faire cet exercice et ne lancez pas la tête en avant pour vous donner de l'élan. Au début, vous pouvez placer un oreiller sous vos épaules de manière à partir d'une position légèrement relevée.
Il peut également vous être plus facile d'effectuer cet exercice en tendant les bras devant vous ou en coinçant les pieds, sous un fauteuil par exemple.

Tonifier la sangle abdominale

À partir de cet exercice, le travail des abdominaux est plus intense. Pensez toujours à plaquer la région lombaire au sol et à garder tête et cou dans l'alignement du corps.

Allongez-vous à plat dos sur le sol, mains contre la tête au niveau des oreilles. Montez les jambes à la verticale, pliez les genoux à 90° et croisez les chevilles. Soulevez la tête, sans à-coups, jusqu'à ce que vous ressentiez la contraction de vos muscles abdominaux (1). Reposez la tête sur le sol, et recommencez 10 à 20 fois, en inversant la position des chevilles à mi-parcours.

En guise de variantes, vous pouvez tirer les genoux vers la poitrine quand vous soulevez la tête, les jambes revenant à leur position initiale quand la tête redescend, ou encore tendre les jambes à la verticale, toujours lorsque vous soulevez la tête (2).

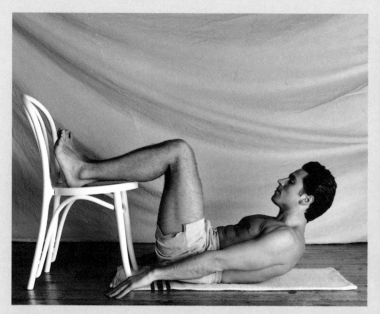

Presque assis

Cet exercice peut servir de préparation et même d'échauffement avant d'aborder des abdominaux plus difficiles. Allongez-vous à plat dos sur le sol, bras le long du corps. Posez les jambes sur le siège d'une chaise. Soulevez la tête et les épaules pour rapprocher le haut du corps des genoux, puis revenez doucement en position allongée. Faites 10 fois cet exercice. Au début, vous pouvez mettre un coussin sous la tête et les épaules pour partir d'une position légèrement relevée.

Pédalage

Allongez-vous sur le dos, bras le long du corps, paumes de mains à plat sur le sol. Montez les deux jambes à la verticale puis imitez le mouvement du cycliste sur les pédales de son vélo. Variez le rythme de votre mouvement : alternez pédalage rapide et allure de promenade. Continuez pendant 2 minutes environ. Si vous voulez intensifier le travail des abdominaux, décollez le bas du dos du sol et appuyez-le sur vos mains pendant que vous pédalez.

Le réveil

Allongez-vous sur le dos. Posez les mains sur les cuisses et soulevez progressivement le dos en faisant glisser les mains le long des cuisses et des jambes jusqu'à atteindre les orteils. Marquez une pause avant d'effectuer le mouvement en sens inverse en déroulant le dos, une vertèbre après l'autre. Veillez à ce qu'il n'y ait pas de tension dans vos bras.

Dessiner un « V »
Allongez-vous à plat dos sur le sol, bras dans le prolongement du corps. Pliez le genou gauche ; la jambe droite reste tendue. En expirant, asseyez-vous, en gardant le dos droit et en ramenant les bras tendus vers l'avant. En même temps que vous vous asseyez, levez la jambe droite et amenez-la vers votre poitrine, entre vos bras. Revenez à la position de départ, respirez profondément et recommencez 5 fois.
Relevez-vous toujours pendant l'expiration. Inversez ensuite la position des jambes.

Taper dans les mains
Allongez-vous à plat dos sur le sol, bras le long du corps.
Inspirez, et, en gardant le dos droit, asseyez-vous en même temps que vous soulevez les jambes, en fléchissant les genoux. Tapez dans vos mains derrière vos genoux, puis revenez à la position de départ.
Faites cet exercice au moins 10 fois et plus si vous ne ressentez pas de fatigue.

Allonger le buste
Ici, contrairement à l'exercice *Allonger les jambes*, les jambes restent allongées et immobiles, tandis que le buste et la tête vont se poser sur le sol. Asseyez-vous sur le sol, jambes légèrement fléchies, et croisez les mains derrière la nuque. En gardant le dos droit, descendez lentement le buste et la tête en comptant jusqu'à 10. Ne démarrez pas trop vite, il vous faudrait ralentir vers la fin du mouvement, l'étape la plus difficile. Vous pourrez par la suite descendre en comptant jusqu'à 15, voire jusqu'à 20.

Abdominaux en torsion
Allongez-vous sur le dos, genoux fléchis, pieds à plat sur le sol à l'écartement du bassin, coudes fléchis, doigts derrière les oreilles. Sans décoller la région lombaire du sol, essayez d'aller toucher le genou gauche avec le coude droit. Reposez le dos sur le sol, puis essayez d'aller toucher le genou droit avec le coude gauche. Répétez cet enchaînement 10 à 20 fois.

Allonger les jambes
Allongez-vous à plat dos sur le sol, jambes tendues en l'air. Essayez de garder cette posture pendant 30 secondes. Pour intensifier le travail musculaire, faites quelques battements de jambes.
Quand votre tonus musculaire aura augmenté, vous pourrez essayer de descendre les jambes.

Bras posés sur le sol, croisez les mains sur le ventre, cela vous aidera à contrôler la contraction de vos abdominaux et à garder la région lombaire plaquée au sol. Fléchissez les chevilles et descendez les jambes tendues et serrées le plus lentement possible. Recommencez 10 fois.

Pour accroître la difficulté, vous pouvez descendre les jambes à quelques centimètres du sol sans les poser, avant de les relever et de recommencer.
Prenez bien votre temps pour faire cet exercice : plus vous descendez les jambes lentement, plus intense est le travail musculaire.

Hanches et fessiers
exercices pour...

Les hanches et les muscles fessiers, qui interviennent dans la station debout comme dans la marche, sont sollicités en permanence. On pourrait penser que cette partie du corps est souple et tonique, mais ce n'est hélas pas forcément le cas.

Le déplacement à pied est devenu l'exception plus que la règle. Lorsque nous marchons, les mouvements de la hanche se limitent à des flexions-extensions. Or, cette articulation est une énarthrose, c'est-à-dire qu'elle est le siège de mouvements plus ou moins complexes que nous utilisons peu dans notre vie de tous les jours. Les enfants, eux, le font spontanément, lorsqu'ils courent, sautent ou grimpent au cours de leurs jeux.

L'amplitude de tous les mouvements de la hanche n'est pas la même, il existe des limitations naturelles par la mise en tension de ligaments – par exemple, la flexion est beaucoup plus importante que l'extension –, adaptées à la station debout. Une perte de mobilité de la hanche entraîne une gêne, et peut même rendre la marche pénible.

Nous vous proposons des étirements destinés à assouplir les hanches et à tonifier les muscles fessiers. Si nous ne sommes pas parvenus à vous convaincre de faire chaque jour des exercices pour assouplir vos hanches, peut-être vous laisserez-vous séduire par l'influence des étirements sur votre silhouette.

1

2

Le papillon et variante
Asseyez-vous sur le sol, pliez les genoux et accolez les plantes de pieds. Prenez vos pieds dans vos mains et rapprochez-les le plus près possible de l'aine, sans relâcher le bas du dos. Le but recherché étant de poser les genoux sur le sol, vous pouvez appuyer sur vos cuisses avec les coudes ou exercer de petites pressions verticales de haut en bas. Maintenez cette posture (1) de 1 à 3 minutes, puis reposez-vous.
Une variante de cet étirement permet d'impliquer la totalité du corps dans l'exercice. Lorsque vous êtes dans la posture du papillon, inclinez le buste vers la gauche et allez poser le front sur le genou (2). Redressez-vous, puis allez poser le front sur le genou droit. Vous pouvez, ensuite, vous pencher vers l'avant et essayer de toucher le sol avec le front, sans soulever les fesses. Tendez les bras devant vous et gardez le dos droit, comme si vous vous cassiez à partir de la taille. Restez dans cette position aussi longtemps que possible.

Posture du bébé endormi

Pour améliorer le confort de cette posture, utilisez un tapis de sol ou glissez un petit coussin sous vos genoux. Mettez-vous à quatre pattes, puis écartez les genoux au maximum, en gardant les 2 gros orteils en contact. Prenez appui sur les mains et allongez-vous à plat ventre. Vos fesses restent en l'air et vos pieds ont tendance à se soulever. Plus vos hanches sont raides, plus vos fesses pointent en l'air. Essayez de vous détendre dans cette position ; petit à petit, l'écart de vos genoux va augmenter et vos fesses vont s'abaisser. Tenez 30 secondes, revenez à la position de départ et recommencez.

Le papillon au sol

Allongez-vous à plat dos sur le sol, genoux fléchis, plantes de pieds l'une contre l'autre. Laissez tomber vos genoux sur le côté le plus bas possible. Afin de ne pas creuser la région lombaire, aplatissez le ventre et basculez le bassin vers l'arrière. Détendez-vous et maintenez cette position de 1 à 3 minutes, en respirant profondément.

Genou à la poitrine en diagonale

Allongez-vous à plat dos sur le sol. Amenez le genou droit sur la poitrine. En le tenant avec les 2 mains, tirez-le doucement vers l'épaule gauche. Tenez 20 secondes, relâchez et changez de jambe. Recommencez 5 fois de chaque côté.

Soulever la hanche

Assis sur le sol, pliez le genou gauche et amenez le pied tout près de l'aine en gardant toute la jambe en contact avec le sol. Prenez appui sur votre main gauche, et amenez votre jambe droite derrière vous, genou plié. Levez la jambe droite aussi haut que possible, sans tension, puis reposez-la sur le sol. Recommencez 20 fois, puis changez de jambe.

Étirement latéral de la hanche
Debout, posez la main droite sur le dossier d'une chaise, bras tendu. Passez la jambe gauche devant la droite, les pieds restant parallèles. Dos droit et pieds bien à plat sur le sol, pliez légèrement le genou gauche, et tirez la hanche droite vers le bas et vers la chaise. Vous devez ressentir un étirement sur le côté de la hanche droite. Tenez 5 secondes, puis reposez-vous. Recommencez 3 fois, et changez de côté.

La grenouille
Allongez-vous sur le dos, pliez les genoux et amenez-les sur la poitrine. Écartez légèrement les genoux, tendez les bras à la verticale et posez les mains sur le bord interne des plantes de pieds. Les genoux sont fléchis à 90° et les plantes de pieds sont tournées vers le plafond. Détendez-vous et maintenez cette position environ 45 secondes avant de relâcher et de recommencer.

Triangle à genoux

À genoux sur le sol, tendez la jambe gauche sur le côté. Levez le bras droit à la verticale et, sans torsion du buste, étirez-le vers le haut puis vers le pied gauche. Au fur et à mesure que le buste s'incline sur la gauche, faites glisser la main gauche le long de la cuisse et de la jambe gauches. Maintenez la position pendant 15 secondes, puis faites la même chose de l'autre côté.

Grand écart

Cette figure difficile demande une préparation et un apprentissage assez longs. La simple phase préparatoire représente à elle seule un étirement efficace. Agenouillez-vous avec, éventuellement, un coussin ou une serviette de bain pliée sous les genoux. Posez les mains sur le sol de part et d'autre des hanches pour vous équilibrer.
Allongez la jambe droite devant vous, en la tendant au maximum et mettez-vous en appui sur les mains (1). Plus le poids du corps repose sur les bras, plus vous atténuez l'intensité de l'étirement des jambes. Détendez-vous et essayez de garder la position pendant 20 secondes. Basculez sur le côté droit, reposez-vous et refaites l'exercice en inversant la position des jambes.
Lorsque vous n'éprouverez plus aucune difficulté à maintenir cette position, vous pourrez étendre la seconde jambe en arrière et arriver à poser l'aine sur le sol (2).

Écart de face et variantes

Asseyez-vous sur le sol et écartez les jambes au maximum, en gardant le dos droit. Si vous avez tendance à creuser le dos, mieux vaut rapprocher légèrement les jambes.
Faites une série de 10 flexions-extensions des chevilles. Quelques variantes de cet exercice vous permettront d'intensifier l'étirement des muscles des membres inférieurs et l'assouplissement des hanches.
Tournez le buste vers la gauche et penchez-vous en avant pour attraper le pied gauche (1). Essayez de poser les coudes sur le sol de part et d'autre de la jambe. À chaque expiration, essayez de vous étirer un peu plus. Redressez-vous en douceur, puis étirez-vous sur la droite. Buste de face, inclinez-vous sur la gauche. Attrapez le pied gauche avec la main gauche et posez le coude à l'intérieur du genou. Inclinez le bras droit au-dessus de la tête et étirez-le en direction du pied gauche (2). Redressez-vous en douceur, puis étirez-vous sur la droite.

La mort du cygne

À quatre pattes sur le sol, tendez la jambe gauche en arrière (1) puis allongez le corps, la poitrine venant se poser sur la cuisse droite. Front posé sur le sol, bras détendus, restez un moment dans cette position reposante (2), avant de prendre appui sur les bras pour soulever et abaisser le buste, sans modifier la position des jambes. Recommencez 10 fois, puis inversez la position des jambes.

Basculer de gauche à droite…

Asseyez-vous sur le sol, jambes tendues, chevilles jointes et fléchies.
Posez la main gauche derrière vous. Roulez sur la hanche gauche en tendant le bras droit à la verticale ; roulez ensuite sur la hanche droite, en prenant appui sur la main droite et en levant le bras gauche à la verticale. Faites ce mouvement de bascule 10 fois de chaque côté.

Les jambes et les genoux
exercices pour...

Nous n'accordons pas assez de soins à nos jambes, nous les malmenons même. Nous menons une vie trop sédentaire, nous prenons l'ascenseur plutôt que l'escalier et nous effectuons nos trajets quotidiens en bus ou en métro plutôt qu'à pied.

Aux contraintes de la vie moderne s'ajoutent les mauvaises habitudes : nous nous asseyons n'importe comment, nous croisons les jambes, deux attitudes qui aggravent les troubles circulatoires.
Les jambes perdent leur tonus, les genoux se raidissent et s'ankylosent.

Nous ne le répéterons jamais assez, la liberté de mouvement et la souplesse ralentissent le vieillissement. Il faut avoir des jambes solides, toniques, avec des genoux en bon état, tout simplement pour pouvoir marcher, une activité simple et naturelle qui, plus que toute autre, doit être pratiquée quotidiennement.

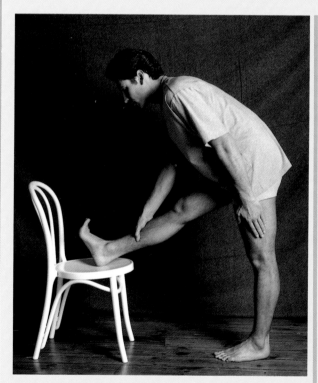

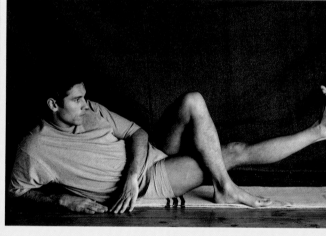

Jambes croisées
Allongez-vous sur le côté droit, en appui sur le coude. Passez la jambe gauche par-dessus la droite et posez le pied gauche sur le sol, à côté du genou droit. Montez et descendez la jambe droite tendue, sans rotation de la hanche. Le reste du corps doit rester immobile. Recommencez 15 fois avant de changer de côté.

Étirement de la cuisse debout
Debout, levez la jambe droite et posez le talon sur une chaise. Fléchissez la cheville. Posez la main droite sur la cuisse droite et faites-la glisser jusqu'à la cheville, en gardant le dos plat, la tête relevée et la cheville fléchie. Quand vous ressentez un étirement des muscles postérieurs de la cuisse, maintenez la position 10 secondes, avant de passer à l'autre jambe. Alternez les jambes pour faire 4 séries de 10 étirements.

L'arc et variantes

Allongez-vous sur le ventre, menton au sol, bras allongés le long du
corps. Pliez la jambe droite et attrapez la cheville avec la main droite.
Tirez le talon vers la fesse droite sans soulever la cuisse (1).
Tenez 10 secondes, relâchez et étirez de la même façon la jambe
gauche. Alternez 2 fois jambe droite et jambe gauche. Si cet étirement
vous paraît difficile, vous pouvez placer un coussin ou une serviette
de bain pliée sous la cuisse pour la surélever légèrement.
Dans un deuxième temps, effectuez la variante suivante : allongez-
vous sur le côté gauche, puis pliez les deux jambes en même temps.
Attrapez la cheville droite avec la main droite, la cheville gauche avec
la main gauche. Éloignez votre pied gauche le plus possible de votre
corps, tenez 10 secondes, puis changez de côté.
Lorsque vous serez plus souple, vous pourrez aborder la véritable
posture de l'arc. Allongez-vous sur le ventre, pliez les jambes et attrapez
les chevilles avec les mains. Respirez profondément et, lorsque vous
expirez, soulevez en même temps la tête, le buste et les cuisses (2).
Profitez de chaque expiration pour essayer de monter un peu plus haut,
en tirant sur les pieds pour augmenter l'étirement. Maintenez cette
position aussi longtemps que vous le pouvez. Prenez un temps de repos
après avoir effectué cette posture qui assouplit tout le corps.

La montagne

Debout, pieds à l'écartement du bassin, penchez-vous vers l'avant
et posez les mains à plat sur le sol, environ 1 mètre devant vous.
Poussez sur les bras de manière à maintenir les talons à plat et à
rapprocher la tête du sol. Relâchez la nuque et laissez la tête pendre
librement. Cette posture étire tous les muscles de la face postérieure
du corps, mais elle est assez difficile à réaliser.

Ruades

Mettez-vous à quatre pattes et faites le gros dos. Tête baissée, vous décollez la jambe gauche du sol, vous la ramenez sur la poitrine (1) en direction de votre front, puis vous la tendez vers l'arrière, en la montant le plus haut possible, en même temps que vous relevez la tête (2). Effectuez ce mouvement 20 fois de suite avant de passer à la jambe droite. Vous pouvez aussi tendre la jambe sur le côté. Toujours à quatre pattes, vous soulevez la jambe gauche, vous la ramenez sur la poitrine, puis vous la tendez sur le côté (3).

Sans bouger le reste du corps, amenez votre jambe tendue vers votre épaule, puis effectuez un mouvement d'avant en arrière pour la ramener derrière vous. Concentrez-vous bien sur le mouvement. Effectuez 20 fois de suite cet exercice avant de changer de jambe.

Plan incliné

Asseyez-vous sur le sol, jambes allongées devant vous. Posez les mains par terre, derrière vous, de part et d'autre des épaules, les doigts dirigés vers l'avant. En gardant les pieds bien à plat sur le sol, prenez appui sur les mains pour soulever le corps en poussant sur le bassin jusqu'à former un seul plan incliné de la tête aux pieds. Tenez la position 30 secondes environ, détendez-vous, puis recommencez. Si vous réalisez facilement cette posture, vous pouvez augmenter l'étirement en levant tour à tour la jambe droite puis la gauche.

Étirement de la jambe en arrière

Allongez-vous à plat ventre sur le sol, et posez votre menton sur vos bras repliés, vos paumes de mains faisant office de coussin. Soulevez votre jambe droite, genou, cheville et orteils bien tendus. Pour obtenir un bon étirement, pensez à tirer la jambe en arrière en même temps que vous la soulevez. Descendez lentement la jambe droite, faites 10 fois le mouvement avant de passer à l'autre jambe.

Étirement de la jambe en avant

Allongez-vous à plat dos sur le sol, jambes tendues. Soulevez la jambe droite sans plier le genou et en gardant la jambe gauche relâchée. Quand votre jambe droite est à la verticale, soulevez le buste pour attraper votre cheville avec vos deux mains. Tirez doucement sur votre jambe, en pliant les coudes et en utilisant le poids de votre buste, pour étirer les muscles postérieurs de votre cuisse. Maintenez la position 30 secondes avant de redescendre la jambe pour la poser sur le sol. Reposez-vous, puis faites la même chose avec l'autre jambe.

Étirement de la jambe sur le côté

Allongez-vous sur le côté gauche. Posez votre tête sur votre main gauche et posez votre main droite devant vous. Après avoir contrôlé l'alignement de votre corps, bloquez votre genou droit en extension, fléchissez la cheville et montez la jambe aussi haut que possible. Redescendez lentement la jambe. Effectuez le mouvement 10 fois de suite. Après un temps de repos, faites la même chose avec la jambe gauche.

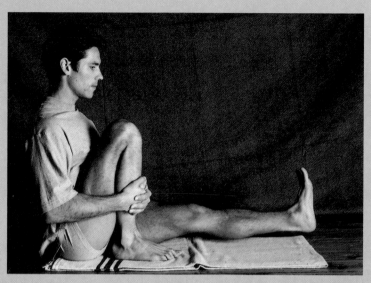

Battements de jambe

Assis sur le sol, jambes tendues, pliez la jambe droite, amenez-la contre votre poitrine et maintenez-la dans cette position en croisant les mains devant votre jambe. Le pied droit doit rester à plat sur le sol. Montez et descendez la jambe gauche tendue, 5 fois avec la cheville fléchie, 5 fois avec la cheville en extension. Changez de jambe. Votre dos doit rester bien droit ; pour cela, éventuellement, décollez légèrement la jambe fléchie de la poitrine.

Demi-lotus avant

Assis sur le sol, jambes tendues, dos droit, pliez la jambe droite et posez votre pied droit sur votre cuisse gauche. Appuyez doucement sur votre genou droit en essayant de lui faire toucher le sol..Si cette position est trop pénible, placez votre pied droit sur le sol en le posant le plus près possible de l'aine. Lorsque vous serez devenu plus souple, vous pourrez fléchir la cheville gauche et essayer de toucher votre genou gauche avec le front, tout en tenant votre pied gauche avec vos deux mains.

Le guerrier

Cette posture de yoga permet un étirement en profondeur. Debout, jambes écartées, pieds parallèles, ouvrez votre pied droit à 90°. Bras tendus sur le côté, étirez-les comme si vous étiez en train de repousser les murs avec vos mains. Tournez la tête sur la droite sans que le reste du corps suive.

Tout en gardant la jambe gauche tendue et le pied gauche posé sur le sol, pliez le genou droit jusqu'à ce que votre cuisse droite soit parallèle au sol, le genou doit venir à l'aplomb du talon.

Portez votre regard au-delà de votre main droite. Assurez-vous que votre jambe gauche est tendue et dans l'alignement de vos hanches. Maintenez la position pendant 30 secondes, revenez à la position de départ, puis faites la même chose de l'autre côté.

La figure de proue

Debout, bras le long du corps, pieds légèrement écartés, tendez le bras gauche à l'horizontale devant vous. Pliez la jambe droite en arrière et soulevez-la jusqu'à ce que vous puissiez attraper votre cheville avec la main droite. Poussez sur votre main avec votre jambe droite, en même temps, votre bras gauche s'étire vers l'avant. Gardez la tête droite et pour garder l'équilibre, fixez du regard un point en face de vous. Maintenez la position aussi longtemps que possible, puis inversez bras et jambes.

La chaise

Cet exercice fait partie de la série des étirements simples mais très efficaces. Debout, pieds à l'écartement du bassin, bras le long du corps, pliez les genoux et baissez-vous comme si vous vouliez vous asseoir sur une chaise imaginaire. Comme il n'y a pas de chaise, ce sont les muscles de vos membres inférieurs qui vous soutiennent. Tendez les bras à l'horizontale pour garder l'équilibre et restez dans cette position aussi longtemps que possible. Si vous avez du mal à effectuer cet exercice, dans un premier temps, appuyez votre dos contre un mur, en vous assurant que vos cuisses sont bien parallèles au sol et vos jambes verticales.

Les chevilles et les pieds
exercices pour...

Quel plaisir, le soir, après une journée fatigante, de se déchausser et de laisser les pieds et les chevilles bouger librement, de les masser pour se détendre. Les pieds, malgré leur taille, supportent la totalité du poids du corps, ingénieusement répartie par un système de voûtes.

Pendant la marche, les orteils agrippent le sol, s'articulent puis repoussent le sol ; par leur mouvement de flexion-extension, les chevilles participent à la locomotion, procurant équilibre et stabilité. Même les meilleures chaussures compriment les pieds,

empêchant les orteils de bouger, les bottes limitent les mouvements des chevilles, quant aux chaussures à talons hauts, elles augmentent le poids supporté par l'avant du pied.

Vous pouvez offrir à vos pieds une petite faveur quotidienne : marcher quelques instants pieds nus ! Pour renforcer pieds et chevilles, nous vous proposons des étirements qui vous aideront à éviter les désagréments tels qu'entorse de la cheville ou affaissement de la voûte plantaire, et vous permettront également d'avoir de jolis pieds.

 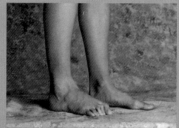  

Massage du pied avec un bâton
Cet exercice améliore la circulation sanguine, stimule les terminaisons nerveuses situées sous les pieds et est excellent pour le maintien. Posez un bâton sur le sol (un manche à balai, par exemple). En commençant par le pied gauche, posez les orteils sur le bâton et appuyez. Si vous éprouvez une sensation douloureuse, ce qui ne serait pas étonnant, imaginez que vous respirez à travers le pied, la douleur va diminuer. En faisant progressivement rouler le bâton, faites la même chose tout le long de la plante du pied. Insistez sur les endroits les plus sensibles, là où le massage est vraiment nécessaire. Lorsque vous avez fait rouler le bâton sous le pied gauche, glissez-le sous le pied droit. Mettez ensuite le bâton sous vos 2 pieds, au milieu de la voûte plantaire. Tenez-vous bien droit, et restez dans cette position le plus longtemps possible.

Petits mouvements des orteils
Les orteils de l'adulte ont perdu la plus grande partie de la mobilité et de la force de ceux du bébé. Le premier geste simple à faire pour récupérer une certaine souplesse des orteils est de les étirer avec les mains. Asseyez-vous confortablement et prenez l'un de vos pieds dans les mains. Tenez le gros orteil d'une main et, avec l'autre main, écartez chaque orteil l'un après l'autre en commençant par le petit orteil. Imprimez-leur ensuite, chacun à leur tour, de petits mouvements de rotation. Toujours l'un après l'autre, faites leur faire des mouvements de flexion-extension.
Enfin, assis ou debout, pieds parallèles légèrement écartés, appuyez les pieds sur leur bord externe pour creuser la voûte plantaire, les talons et les orteils restant en contact avec le sol. Faites ce dernier exercice 3 fois.

Rotation du pied
Vous pouvez faire cet exercice, assis, allongé, debout, comme il vous plaira. L'essentiel est de pouvoir soulever une jambe du sol sans tension dans le reste du corps. Faites des cercles avec le

pied en tournant 5 fois dans un sens, 5 fois dans l'autre. Ne vous inquiétez pas si vous entendez parfois un petit craquement ; en revanche, cet exercice ne doit jamais être douloureux.

Étirement des orteils
À genoux sur le sol, appuyez-vous sur les mains pour dégager les pieds et pouvoir retourner les orteils. Reportez doucement le poids du corps sur les talons. Vous devez ressentir un étirement dans les orteils et dans les mollets (illustration page ci-contre).

Assis sur un talon
Installez-vous sur un tapis de
sol ou sur une serviette de bain
pliée. En prenant appui sur la
jambe gauche fléchie, essayez
de poser la fesse droite sur le
talon droit. Descendez
progressivement et essayez de
tenir environ 15 secondes.
Reposez-vous, puis faites la
même chose en inversant la
position des jambes.
Cet exercice étire les muscles
antérieurs du pied et de la
jambe.

Étirement de la cheville
Mettez-vous à genoux sur le sol,
chevilles en extension.
Asseyez-vous sur les talons et
posez les mains à côté des
genoux. En prenant appui sur
les mains, soulevez les genoux
et basculez le corps en arrière
vers les talons. Vous devez
ressentir un étirement de
la cheville et de la face
antérieure du pied.

Équilibre
Cet exercice, très simple, est excellent pour renforcer les chevilles. Debout, pliez une jambe en arrière, et tenez-vous en équilibre sur l'autre, pendant 1 minute. Pour vous aider à garder l'équilibre, fixez un point devant vous ; au contraire, si vous voulez augmenter la difficulté, fermez les yeux.

Demi-pointes sur un pied
Debout derrière une chaise qui vous servira éventuellement d'appui, levez le pied droit devant vous à quelques centimètres du sol. Montez lentement en équilibre sur la pointe du pied gauche, puis redescendez lentement.
Votre cheville doit être ferme et votre pied ne doit tourner ni vers l'intérieur ni vers l'extérieur. Recommencez 2 fois puis changez de pied.

Étirement du plongeur
Debout derrière une chaise, sur laquelle vous pourrez éventuellement vous appuyer, pieds et chevilles serrés, montez sur la pointe des pieds. Restez en équilibre dans cette position aussi longtemps que possible, puis redescendez lentement.

Étirement du tendon d'Achille
Penchez-vous en avant et appuyez-vous sur une chaise. Posez le pied gauche 30 centimètres environ derrière le pied droit, pieds parallèles. Pliez le genou droit, le pied reste à plat, et, en même temps, enfoncez le talon gauche dans le sol. Vous devez sentir un étirement dans le mollet droit. Refaites cet exercice en inversant la position des jambes.

Étirements
au quotidien

Dix petites minutes d'étirements par jour et vous vous sentirez plus souple.

Étirez toutes les parties de votre corps, de la tête aux orteils, commencez par un échauffement et terminez la séance par un temps de relaxation.

Au bout de quelques semaines, vous ne pourrez plus vous passer de ce réndez-vous quotidien.

Quelques conseils

En fin de compte, la seule façon de rester en forme est d'avoir une activité physique régulière. Arrivé à ce stade, vous avez sans doute fait le point sur votre état de santé, votre forme et votre souplesse. Le seul moyen d'améliorer la situation est de mettre en pratique ce que vous avez appris. Vous allez rapidement vous rendre compte qu'une séance d'étirements peut très bien s'intégrer dans vos activités quotidiennes et qu'elle vous apporte détente et plaisir.

Consacrer chaque jour quelques minutes à une séance d'étirements est plus efficace qu'effectuer une séance hebdomadaire d'une heure. Les exercices proposés ne nécessitent pas d'intervalles de récupération, vous pouvez les refaire dès le lendemain ; au contraire, plus vous les pratiquerez, mieux vous vous sentirez, et ainsi naîtra l'envie d'une pratique régulière. Quand votre corps se sera habitué à cette séance quotidienne, vous ne pourrez plus vous en passer.

La question est : quand trouver le temps ? Nous vous proposons trois durées de séance, 10 minutes (pas d'excuse possible !), 20 minutes (c'est plus court que la moindre émission télévisée), une demi-heure (pour les plus courageux). Plus la séance est longue, plus le niveau de difficulté croît. Les durées sont données à titre indicatif et, bien sûr, vous les adapterez à votre rythme personnel.

Commencez par l'une des trois séances types, en remplaçant éventuellement certains exercices par d'autres qui ont votre préférence. Dans un second temps, vous pourrez construire votre propre séance, de A à Z. Quelques principes de base présentés page suivante vous aideront à la concevoir.

La posture de l'enfant, page 92

Dessiner une croix avec la tête, page 94

Le rouleau, page 97

Quand vous avez organisé votre séance, n'en changez pas trop souvent le contenu. Car c'est lorsque vous connaissez bien un étirement que vous pouvez vous détendre et être à l'écoute de votre corps sans avoir à penser au mouvement qui suit ou à corriger votre position. Le but est qu'à la fin de la séance, vous vous sentiez souple, détendu et plein d'énergie.

1 Chaque séance doit commencer par un échauffement. Le premier étirement de chacune des séances types est un excellent exercice d'échauffement.

2 Toute séance doit être construite suivant une progression ; un exercice d'assouplissement doit naturellement appeler le suivant.

3 Suivez un ordre logique : par exemple, faites à la suite tous les étirements debout, puis passez aux étirements en position assise…

4 Déterminez quel est votre objectif prioritaire. Vous avez besoin d'une remise en forme ou de retrouver votre souplesse, ou peut-être les deux.

5 Enfin, souvenez-vous qu'il ne faut jamais forcer. Avancez à votre rythme et ne perdez pas de vue la notion de confort.

10
minutes par jour

Cette série de 12 étirements réalisables en 10 minutes peut s'effectuer au saut du lit, un peu plus tard dans la matinée ou au contraire le soir, par exemple après un bain bien chaud. Vous pouvez même faire certains exercices avant de sortir du lit.

Une séance quotidienne de 10 minutes n'est bien sûr pas suffisante pour augmenter votre force ou votre endurance, mais elle vous aidera à déverrouiller votre corps, au réveil ou après le stress d'une journée de travail. Pensez à vous détendre et rappelez-vous que ce n'est pas la quantité qui prime mais la qualité.

Abordez tous les étirements en douceur, surtout si c'est votre première activité de la journée. Soyez attentif aux signaux que vous envoie votre corps et ne forcez pas. Respirez en profondeur et détendez-vous. Chaque étirement appellera tout naturellement le suivant.

1

Étirement en douceur
Vous pouvez faire cet exercice debout, comme sur l'illustration, mais aussi, au réveil, dans votre lit. Levez les bras au-dessus de la tête et étirez-vous, d'abord en poussant sur le bras droit, puis sur le bras gauche. Vous devez sentir votre corps s'allonger, et en particulier votre dos. Insistez sur l'étirement lorsque vous soufflez. Étirez-vous 5 fois de chaque côté.

2

Le papillon au sol
Allongez-vous à plat dos sur le sol, genoux pliés, plantes des pieds l'une contre l'autre. Laissez tomber vos genoux sur le côté, le plus bas possible. Afin de ne pas creuser la région lombaire, aplatissez le ventre et basculez le bassin vers l'arrière. Gardez cette position environ 45 secondes, en respirant profondément.

3

Le berceau
Allongez-vous à plat dos sur le sol, pliez les genoux et tirez-les vers votre poitrine avec les mains. Détendez-vous, puis bercez-vous doucement en portant les jambes vers la droite, la tête vers la gauche et vice-versa. Continuez ainsi pendant environ 1 minute.

4

Bascule du bassin
Allongez-vous sur le dos, genoux fléchis, pieds à plat sur le sol, bras le long du corps. Sans soulever le bas du dos, basculez le bassin vers l'arrière et décollez-le du sol, en contractant les abdominaux. Reposez le bassin sur le sol, détendez-vous et refaites ce mouvement 10 à 20 fois.

5

6

Torsion allongé sur le dos
Allongez-vous à plat dos, mains sous la nuque, coudes sur le sol. Sans décoller les talons, tournez le buste vers la gauche, et essayez de toucher le sol avec le coude droit, au niveau de votre coude gauche. Maintenez la position environ 15 secondes, détendez-vous, et faites la même chose de l'autre côté. Cet étirement est excellent pour le haut de la colonne vertébrale.

Traction du buste
Allongez-vous à plat ventre, jambes tendues, mains à plat sur le sol, au niveau des épaules. Relevez le haut du corps, à la force des bras, en gardant le bassin en contact avec le sol. Lorsque vous reposez le buste, vous pouvez retenir le mouvement avec les bras. Faites cet exercice 10 fois de suite.

7

9

La posture de l'enfant

Cette position de yoga bien connue est extrêmement reposante et agréable. Mettez-vous à genoux, assis sur les talons. Penchez-vous vers l'avant jusqu'à ce que votre front touche le sol. Allongez les bras le long du corps, paumes de mains vers le haut. Détendez-vous environ 45 secondes, c'est le temps de repos nécessaire après les 6 exercices précédents.

Haussement d'épaules

En inspirant, montez les épaules vers les oreilles aussi haut que possible. Gardez cette position 5 secondes puis, pendant l'expiration, laissez les épaules retomber librement. Détendez-vous et, lors de la prochaine expiration, essayez de relâcher un peu plus les épaules, sans forcer ; c'est en vous concentrant que vous obtiendrez un relâchement plus profond. Répétez l'exercice 5 fois.

8

Le gros dos

Mettez-vous à quatre pattes, paumes de mains sur le sol à l'écartement des épaules. Faites le gros dos en rentrant le ventre et en baissant la tête. Dans un second temps, creusez le dos et relevez la tête. Répétez ce mouvement une dizaine de fois.

10

11

12

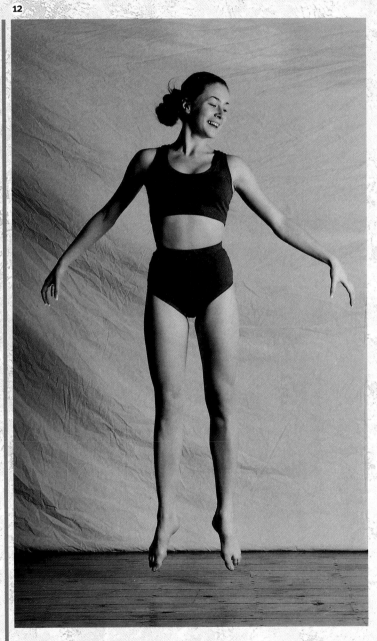

Rotation des mains et des pieds
Faites des mouvements circulaires, avec les mains et avec les pieds, 5 fois dans le sens des aiguilles d'une montre, 5 fois dans le sens inverse.

Petits battements
Debout, pieds à l'écartement du bassin, posez les mains sur le dossier d'une chaise sans trop vous y appuyer. Levez la jambe droite tendue sur le côté, pied tourné vers l'avant. Répétez 5 fois ce mouvement. Levez ensuite, 5 fois, la jambe vers l'arrière. Faites le même exercice avec la jambe gauche.

Rebonds
Pour terminer, faites de petits sauts sur place, sans essayer d'aller trop haut. Cela vous aidera à éliminer tout reste de tension et vous donnera du tonus pour le reste de la journée.

20
minutes par jour

Si vous consacrez 20 minutes quotidiennes à votre séance d'étirements, vous gagnerez très rapidement en forme et en souplesse. 20 minutes, c'est moins que le temps que vous passez chaque jour devant la télé, ou que vous consacrez à la lecture d'un quotidien ou d'un magazine.

La séance type qui suit est plus intense qu'un simple échauffement. Mais n'ayez pas peur d'en ressortir fatigué ! Au contraire, c'est avec dynamisme que vous aborderez vos activités quotidiennes. Commencez toujours en douceur, les enchaînements sont conçus pour former une progression. Concentrez-vous bien sur les exercices : vous vous libérerez l'esprit en vous tonifiant le corps !

❶

Étirement en douceur
Vous pouvez faire cet exercice debout, comme sur l'illustration, mais aussi, au réveil, dans votre lit. Levez les bras au-dessus de la tête et étirez-vous, d'abord en poussant sur le bras droit, puis sur le bras gauche. Vous devez sentir votre corps s'allonger, et en particulier votre dos. Insistez sur l'étirement lorsque vous soufflez. Étirez-vous 5 fois de chaque côté.

❷

Dessiner une croix avec la tête
Laissez tomber la tête vers l'avant jusqu'à ce que votre menton touche votre poitrine. Relevez la tête lentement, puis inclinez-la sur la gauche, en essayant de toucher l'épaule avec l'oreille. Faites la même chose à droite. Pour finir, penchez la tête vers l'arrière en regardant le plafond. Gardez les épaules basses et la mâchoire détendue. Faites 3 fois l'ensemble de l'exercice.

❸

Demi-lune
Debout, pieds à l'écartement du bassin, levez le bras droit au-dessus de la tête et inclinez-vous lentement sur la gauche, sans vous pencher vers l'avant ni vers l'arrière. Vous devez sentir un étirement prononcé de tout le côté droit. Au maximum de l'étirement, levez légèrement la tête. Gardez la position environ 20 secondes puis changez de côté. Étirez-vous 2 fois de chaque côté.

④

⑤

⑥

Flexion avant mains jointes
Debout, pieds à l'écartement du bassin, croisez les mains derrière le dos, paumes à l'extérieur. Penchez-vous vers l'avant, à partir de la taille, en gardant les jambes tendues. Laissez vos bras suivre le mouvement. Vous ressentez un étirement profond de toute la face postérieure de votre corps, des

mollets aux épaules. Décroisez les mains et posez-les devant vos pieds. Balancez doucement la tête d'avant en arrière et de gauche à droite pour détendre les muscles du cou. Maintenez la posture au moins 30 secondes, puis redressez-vous lentement, en déroulant le dos.

Fente latérale
Debout, jambes bien écartées, pliez le genou gauche jusqu'à ce que vous sentiez un étirement dans la cuisse droite. Gardez le corps bien vertical. Maintenez la position pendant 15 secondes, puis changez de côté.

La montagne
Debout, pieds à l'écartement du bassin, penchez-vous vers l'avant et posez les mains à plat sur le sol, environ 1 mètre devant vous. Poussez sur vos mains en gardant les talons en contact avec le sol et en tirant la tête vers le bas. Relâchez la tête et le cou, et laissez-les pendre librement. Gardez 30 secondes cette posture qui étire toute la face postérieure du corps.

Le cobra

Allongez-vous sur le ventre, mains à plat sur le sol, pouces au niveau des aisselles. Levez la tête lentement en cambrant le dos. Ne poussez pas sur vos bras, ce sont les muscles dorsaux et abdominaux qui travaillent. Maintenez la position 10 secondes, redressez-vous un peu plus et tenez encore 10 secondes. Relâchez et revenez à la position de départ.

La chenille

Allongez-vous à plat ventre, menton sur le sol, paumes de mains au niveau des aisselles. Posez le front sur le sol, puis soulevez le bassin et le dos, la partie supérieure du corps doit rester détendue ; seuls le front, les avant-bras, les genoux et les pointes de pieds sont en contact avec le sol. Tirez votre buste vers l'arrière de façon à vous retrouver assis sur les talons, dans la posture de l'enfant, sans soulever le front et en essayant de ne pas bouger les mains, puis relâchez les bras et passez par la position à genoux pour vous relever.

Torsion en position assise

Asseyez-vous sur le sol, jambes tendues devant vous, dos bien droit. Pliez le genou gauche et posez le pied gauche à l'extérieur du genou droit. Placez votre main gauche à plat sur le sol, derrière votre fesse gauche. Allongez le bras droit et posez la main à l'extérieur de la jambe droite (épaule droite calée sur le genou gauche). Tournez la tête vers l'arrière et regardez le plus loin possible au-delà de votre épaule gauche, en pensant à étirer le bas du dos vers le haut. Tenez la position 30 secondes, relâchez, puis changez de côté.

10

Sangle abdominale, partie haute
Allongez-vous à plat dos sur le sol, genoux fléchis, mains croisées sur la poitrine. Plaquez le bassin sur le sol et veillez à ce que tête et cou soient bien dans l'alignement du corps. Contractez les muscles abdominaux pour soulever le haut du buste, d'abord la tête, puis le haut du tronc. Revenez doucement à la position de départ. Faites cet exercice 15 fois. Ne faites pas de mouvements trop rapides.

11

Le pont
Allongé à plat dos sur le sol, genoux fléchis, pieds à l'écartement du bassin, attrapez vos chevilles avec vos mains. Si vous n'y arrivez pas, allongez les bras le long du corps, paumes de mains sur le sol. Montez le bassin, aussi haut que possible. Tenez 30 secondes, revenez doucement à la position de départ, puis recommencez.

12

Le rouleau
Allongé à plat dos sur le sol, pliez les genoux et maintenez-les sur la poitrine avec les mains. Soulevez la tête pour poser le front sur les genoux. Roulez doucement sur un côté et sur l'autre pendant 30 secondes.

13

14

15

Flexion avant en position assise

Asseyez-vous sur le sol, jambes tendues en avant et chevilles fléchies. Bougez les fesses pour trouver la bonne position d'appui sur les 2 ischions (partie inférieure de l'os iliaque). Étirez le corps vers le haut en montant les bras au-dessus de la tête, penchez-vous vers l'avant, et essayez de toucher les orteils avec les mains. Détendez-vous et restez une minute dans cette position. Déroulez-vous lentement vers l'arrière, en posant vertèbre après vertèbre sur le sol, jusqu'à ce que vous soyez allongé à plat dos.

Torsion allongé sur le dos

Allongez-vous à plat dos sur le sol. Levez la jambe droite à la verticale, puis passez-la du côté gauche et posez-la parallèle à votre bras gauche. Gardez les épaules en contact avec le sol. Maintenez la position pendant 30 secondes avant de faire la même chose avec la jambe gauche.

Étirement de la jambe sur le côté

Allongez-vous sur le côté gauche. Posez votre tête sur votre main gauche et posez la main droite devant vous. Après avoir contrôlé l'alignement de votre corps, bloquez votre genou droit en extension, fléchissez la cheville, et montez la jambe aussi haut que possible. Redescendez lentement la jambe. Effectuez le mouvement 10 fois. Après un temps de repos, faites la même chose avec la jambe gauche.

30 minutes par jour

Consacrer une demi-heure quotidienne à l'entretien de sa forme physique donne des résultats rapides et spectaculaires. D'une part, vous allez augmenter le nombre d'exercices à faire, d'autre part, vous pouvez aborder des étirements d'un niveau plus élevé.

Commencez en douceur et faites les exercices à votre rythme. Cette séance type, comme celles de moindre durée, suit une logique qui mène naturellement d'un étirement au suivant. Les exercices proposés sont un peu plus difficiles, les étirements plus intenses, aussi ne placez pas cette séance à n'importe quel moment de la journée, pas après un repas copieux, par exemple, et prévoyez un temps de retour au calme avant de reprendre vos activités.

Détendez-vous en cours de séance. Rapidement, vous allez trouver que cette demi-heure d'étirements passe bien vite…

Étirement du plongeur (p. 85)
Roulements d'épaules (p. 44)
Dessiner une croix avec la tête (p. 94)
Échauffez-vous avec 3 étirements en position debout.
1. Pieds et chevilles serrés, montez sur la pointe des pieds. Restez sur les pointes aussi longtemps que possible, avant de redescendre.
2. Bras relâchés le long du corps, montez une épaule vers l'oreille, puis faites-la tourner lentement vers l'avant, le bas, l'arrière et le haut, en dessinant un cercle aussi parfait et complet que possible. Faites cet exercice 3 fois dans ce sens, puis 3 fois dans l'autre sens, avant de passer à l'autre épaule.
3. Laissez tomber la tête vers l'avant jusqu'à ce que votre menton touche votre poitrine. Relevez la tête lentement, puis inclinez-la sur la gauche, en essayant de toucher l'épaule avec l'oreille. Faites la même chose à droite. Pour finir, penchez la tête vers l'arrière en regardant le plafond. Faites 2 fois cet exercice.

Étirement latéral du cou
Assis ou debout, inclinez la tête vers la gauche en essayant de toucher l'épaule avec l'oreille. Entourez votre tête avec votre bras gauche et posez la paume de la main sur l'oreille droite. Relâchez votre bras gauche ; son poids exerce une légère pression sur votre tête. Pour augmenter l'étirement, tendez le bras droit à l'horizontale sur le côté, poignet fléchi (illustration p. 94-95). Tenez la position 20 secondes et, après un temps de repos, changez de côté.

Haut les mains
Cette position que vous avez vue de nombreuses fois au cinéma est un excellent exercice pour les épaules et les pectoraux. Debout, jambes légèrement écartées, levez les bras en l'air dans l'attitude du soldat qui se rend. En gardant les coudes tendus et les paumes des mains tournées vers l'avant, tirez les bras vers l'arrière aussi loin que possible, avant de revenir à la position de départ. Bien que l'amplitude du mouvement soit faible, vous ressentez un étirement des muscles de la poitrine. Faites 2 séries de 20 étirements, séparées par une pause. Gardez toujours les épaules basses et la nuque allongée.

④

⑤

⑥

⑦

La tour

Debout, pieds à l'écartement du bassin, levez les bras au-dessus de la tête, croisez les mains, paumes tournées vers le plafond, et étirez les bras vers le haut.
Les coudes doivent être tendus et les bras en arrière des oreilles.
Détendez-vous, respirez, et pensez à bien étirer tout le dos. Gardez la position 30 secondes et, après un temps de repos, étirez-vous encore 2 fois.

Souplesse arrière

Debout, jambes légèrement écartées pour un meilleur équilibre, posez les mains sur l'arrière de vos cuisses. Étirez-vous vers l'arrière, en contractant les muscles des fesses et en poussant le bassin vers l'avant. Vos mains descendent lentement le long de vos cuisses (illustration p. 15). Détendez le visage et la nuque, ne serrez pas les mâchoires. Vous étirez à la fois le haut de votre dos et vos muscles abdominaux.
Tenez 20 secondes puis revenez à la verticale.
Lorsque votre sens de l'équilibre et votre souplesse se seront améliorés, vous pourrez vous cambrer vers l'arrière en gardant les bras au-dessus de la tête.

Flexion avant debout

Debout, pieds à l'écartement du bassin, penchez-vous vers l'avant et posez les mains devant vos pieds, sans bloquer les genoux en extension. Vous devez avoir la sensation que le haut de votre corps est suspendu à vos hanches. Répartissez bien le poids de votre corps sur vos deux pieds. Restez dans cette position 30 secondes, en profitant de chaque expiration pour allonger le dos et relâcher les muscles abdominaux.
Redressez-vous et enchaînez avec l'étirement précédent. Faites une série de 3 enchaînements.

L'arbre

Debout, pieds joints, pliez la jambe droite et posez la plante du pied à plat contre la cuisse gauche. En vous aidant avec les mains, montez votre pied le plus haut possible sur votre cuisse. Pliez les coudes, joignez vos deux paumes de mains, et levez progressivement les bras jusqu'à ce que vos mains jointes soient au-dessus de votre tête. Gardez la nuque étirée et les épaules basses. Pour ne pas perdre l'équilibre, fixez un point devant vous. Sans desserrer les paumes, accentuez l'étirement, en ouvrant les coudes et en essayant de toucher les oreilles avec les bras. Soyez détendu et essayez de tenir cette position pendant une minute. Redescendez lentement les mains au niveau de la poitrine, posez le pied sur le sol, puis, après un temps de repos, faites la même chose avec la jambe gauche pliée.

8

Flexion avant jambes écartées
Placez votre pied gauche environ
50 cm devant le droit. Croisez les
mains derrière le dos, paumes à
l'extérieur. En laissant vos bras
suivre naturellement le
mouvement, penchez-vous vers
l'avant jusqu'à ce que votre front
touche votre genou gauche ou,
tout au moins, s'en approche.
Gardez cette position
30 secondes, en relâchant les
épaules et en imaginant que vous
allez toucher le sol, devant vous,
avec vos mains. Revenez à la
position de départ et, après un
temps de repos, changez de
jambe.

9

Flexion avant en triangle
Debout, jambes largement
écartées, pieds parallèles, croisez
les mains derrière le dos, paumes à
l'extérieur. Penchez-vous vers
l'avant en permettant à vos bras
de suivre naturellement le
mouvement. Laissez vos bras aller
le plus loin possible vers le sol.
Attention la position ne doit pas
être douloureuse, mais vous devez
ressentir un étirement intense de
tous les muscles postérieurs du
corps et aussi des épaules. Ensuite,
vous décroisez les mains et vous
les posez le plus loin possible
devant pour accentuer l'étirement.
Pour finir, attraper vos chevilles
avec vos mains et essayez de
rapprocher votre corps de vos

jambes. Détendez-vous dans cette
position, puis relevez-vous
lentement en déroulant le dos.

10

Demi-lune à genoux
Mettez-vous à genoux, tendez la
jambe gauche sur le côté, et
montez le bras droit au-dessus de
la tête. Sans vous pencher ni en
avant ni en arrière, inclinez votre
bras droit tendu vers la gauche
comme si vous vouliez lui faire
toucher le pied gauche. Votre
main gauche descend le long de
votre jambe gauche. Maintenez
cette position 30 secondes, puis
changez de côté.

12

Genou au front

Allongé à plat dos sur le sol, tirez votre genou droit sur la poitrine avec les mains. En même temps, soulevez la tête et venez toucher votre genou avec le front.

Pour intensifier l'étirement, essayez de toucher le genou avec le nez ou avec une oreille. Tenez 30 secondes, faites une pause et changez de jambe.

Déroulement de la colonne vertébrale

Allongez-vous à plat dos sur le sol, jambes pliées sur la poitrine. Croisez les mains dans le creux de vos genoux et tirez vos jambes vers vous pour venir toucher votre front avec les genoux, en enroulant le dos vers l'arrière. Vous pouvez aussi faire ce mouvement jambes tendues, si cela vous semble plus facile. Allez vers l'arrière le plus loin possible, soufflez, puis déroulez-vous vers l'avant ; posez vos jambes, genoux écartés (position du papillon, page 70), et penchez la tête en avant. Roulez ainsi d'avant en arrière pendant une minute environ, en inspirant lorsque vous partez vers l'arrière, en expirant lorsque vous revenez vers l'avant. Balancez-vous en douceur pour que cet exercice, excellent pour la colonne vertébrale, soit vraiment relaxant. Pour varier, vous pouvez croiser les chevilles et accrocher vos deux gros orteils, ce qui augmentera l'étirement, vous aidant à relâcher la nuque.

13

Le papillon

Assis sur le sol, pliez les genoux et joignez les plantes de pieds. Prenez vos pieds dans vos mains et rapprochez-les le plus près possible de l'aine, sans relâcher le bas du dos. Le but recherché étant de poser les genoux sur le sol, vous pouvez appuyer sur vos cuisses avec vos coudes ou exercer de petites pressions verticales, de haut en bas. Tenez 2 à 3 minutes et détendez-vous. Si vous en avez le temps, vous pouvez enchaîner avec quelques variations (page 70).

14

15

Étirement de la jambe sur le côté

Allongez-vous sur le côté gauche. Posez la tête sur la main gauche et posez la main droite devant vous. Après avoir contrôlé l'alignement de votre corps, fléchissez la cheville et montez la jambe droite aussi haut que possible. Baissez la jambe lentement. Recommencez 10 fois. Après un temps de repos, changez de jambe.

Le chameau avec torsion

Mettez-vous à genoux sur le sol, jambes légèrement plus écartées que le bassin. Posez la main gauche sur le talon gauche, sans rotation du bassin. Lorsque vous avez trouvé votre équilibre, posez la main droite sur le talon droit et laissez tomber votre tête en arrière. Contractez bien vos muscles fessiers pour ne pas solliciter votre région lombaire. Pour vous étirer au maximum, poussez le bassin vers l'avant. Tendez ensuite le bras gauche à la verticale et tournez le visage vers la main. Respirez profondément et maintenez la position 30 secondes avant de changer de bras.

Si vous en avez le temps, enchaînez avec la variante suivante : posez la main droite sur le talon gauche et laissez tomber votre tête en arrière. Lorsque vous avez trouvé votre équilibre, tendez le bras gauche à la verticale, et tournez le visage vers les pieds. Tenez quelques secondes en respirant profondément, puis changez de côté.

16

17

18

La posture de l'enfant

Cette position de yoga bien connue est extrêmement reposante et agréable. Mettez-vous à genoux, assis sur les talons. Penchez-vous vers l'avant jusqu'à ce que votre front touche le sol. Allongez les bras le long du corps, paumes de mains vers le haut. Détendez-vous pendant une minute : c'est le temps de repos nécessaire après les exercices précédents.

Tonifier la sangle abdominale

Allongez-vous à plat dos sur le sol, mains contre la tête au niveau des oreilles. Montez les jambes à la verticale, pliez les genoux à 90° et croisez les chevilles. Soulevez la tête sans à-coups, jusqu'à ce que vous ressentiez la contraction de vos muscles abdominaux. Reposez la tête sur le sol, et recommencez de 10 à 20 fois, en changeant la cheville supérieure à mi-parcours. Pendant toute la durée de l'exercice, gardez le bas du dos plaqué au sol et le cou dans l'alignement du corps.

L'arc

Allongez-vous sur le ventre. Redressez légèrement le buste et attrapez vos chevilles avec vos mains. Inspirez profondément puis, en expirant, soulevez la tête, le buste et les cuisses de manière à incurver tout le corps. À chaque expiration, essayez de monter un peu plus haut en tirant les pieds vers l'arrière pour augmenter l'étirement. Tenez, si possible, 20 secondes, puis détendez-vous à fond. Recommencez 2 fois. Pour terminer cette séance de 30 minutes par un exercice de relaxation, allongez-vous sur le dos, jambes tendues, bras le long du corps, paumes de mains tournées vers le plafond. Fermez les yeux et respirez tranquillement, à votre rythme, pendant au moins 3 minutes.

Au bureau
étirements au quotidien

Si vous travaillez assis 8 heures par jour, vous souffrez peut-être de douleurs dorsales, provoquées par une activité statique accompagnée de mauvaises habitudes posturales. Sans parler de la tension nerveuse et du stress liés aux conditions de travail actuelles. Il existe heureusement des moyens simples de lutter contre les effets néfastes de la position assise prolongée.

Certains étirements peuvent être faits n'importe où et n'importe quand. Vos collègues ne remarqueront même pas votre activité, car ces exercices, très efficaces, n'attirent pas l'attention. Vous pouvez faire certains étirements assis à votre bureau, d'autres pendant que vous consultez un dossier debout près d'une étagère. Si vous travaillez sur un clavier, les massages des mains et des doigts présentés page 48 sont pour vous.

Si vous ne parvenez pas à faire ces quelques étirements dans votre journée de travail, n'oubliez pas, en revanche, de vous tenir bien droit sur votre chaise. Toutes les demi-heures, levez-vous et faites quelques pas. Vous éviterez ainsi les tensions et les douleurs dues au manque de mouvement. Un minimum d'activité physique est indispensable, et, si vous êtes à la fois en forme et détendu, vous serez plus performant dans vos activités professionnelles.

Dessiner une croix avec la tête
Les tensions accumulées tout au long de la journée se font le plus souvent sentir dans la nuque et les épaules. Il est donc important de penser à les détendre. Confortablement assis, laissez tomber la tête vers l'avant jusqu'à ce que votre menton touche votre poitrine. Respirez profondément, relâchez la nuque, les épaules et le dos. Relevez la tête, puis inclinez-la sur la gauche, en essayant de toucher l'épaule avec l'oreille. Faites la même chose à droite. Pour finir, penchez la tête vers l'arrière en regardant le plafond. Gardez les épaules basses et la mâchoire détendue.

Étirement du buste
Assis sur une chaise, pieds bien à plat sur le sol, pliez les bras au-dessus de votre tête, chaque main reposant sur le coude opposé. Tirez vos bras le plus possible vers l'arrière, puis penchez-vous lentement sur le côté gauche. Détendez-vous, respirez. Tenez la position environ 10 secondes. Revenez à la verticale et penchez-vous sur le côté droit. Étirez-vous ainsi au moins 3 fois de chaque côté.

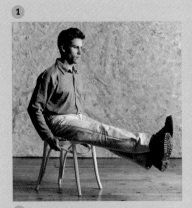

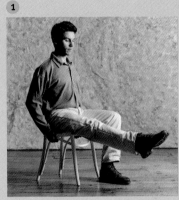

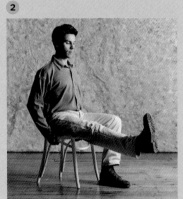

Chevilles croisées

Assis confortablement sur une chaise, tendez les jambes à l'horizontale devant vous. Croisez les chevilles, la droite sur la gauche (1) et serrez-les l'une contre l'autre pendant 5 secondes, puis relâchez 5 secondes. Faites une série de 10, puis mettez la cheville gauche sur la droite, et faites une nouvelle série de 10. Vous pouvez faire cet exercice en gardant les pieds par terre (2). Vous pouvez augmenter le temps de serrage jusqu'à 30 secondes.

Flexion avant sur une chaise

Assis confortablement sur une chaise, pieds bien à plat sur le sol, penchez-vous vers l'avant et attrapez vos chevilles avec vos mains. Détendez bien votre nuque et vos épaules.

Flexion-extension de la cheville

Assis confortablement sur une chaise, pieds bien à plat sur le sol, levez la jambe droite à l'horizontale devant vous (1). Faites une série de 10 mouvements de flexion-extension de la cheville (2). Baissez la jambe droite et faites la même chose avec la jambe gauche.

①

②

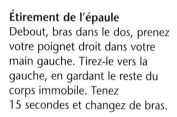

Étirement de l'épaule

Debout, bras dans le dos, prenez votre poignet droit dans votre main gauche. Tirez-le vers la gauche, en gardant le reste du corps immobile. Tenez 15 secondes et changez de bras.

Équilibre accroupi

Il s'agit autant d'un exercice d'équilibre que d'assouplissement, qui fait travailler tout le membre inférieur, de la cheville à la cuisse. Pliez les genoux et mettez-vous en équilibre sur les doigts de pieds, genoux bien serrés l'un contre l'autre. Essayez d'avoir les cuisses parallèles au sol. Restez en équilibre 30 secondes et relevez-vous lentement. Vous pouvez éventuellement prendre appui contre un mur ou sur le dossier d'une chaise.

Demi-pointes

Partant de la position accroupie, en équilibre sur les doigts de pieds, relevez-vous et restez sur la pointe des pieds. Cela paraît simple, pourtant cet exercice demande un bon équilibre et de la force dans les jambes.

Souplesse arrière
Petits battements

Debout, pieds à l'écartement du bassin, posez les mains sur le dossier d'une chaise, sans trop vous y appuyer. Pliez un peu les genoux et laissez votre bassin basculer vers l'avant en cambrant doucement le dos (1). Redressez-vous. Faites une série de 5. Levez la jambe gauche tendue sur le côté, pied tourné vers l'avant. Répétez 5 fois ce mouvement. Levez ensuite, 5 fois, la jambe vers l'arrière. Faites le même exercice avec la jambe droite (2).

①

②

Dos rond/dos plat

Assis confortablement sur une chaise, pieds bien à plat sur le sol, bras le long du corps, laissez tomber votre tête le plus bas possible et arrondissez le dos en même temps (1). Respirez profondément et relâchez tout le dos. Redressez-vous en étirant votre colonne vertébrale vers le haut (2). Recommencez 10 fois.

Torsion du dos sur une chaise

Assis confortablement sur une chaise, pieds bien à plat sur le sol, tournez-vous vers la droite et regardez derrière vous. Pour faciliter le mouvement, posez la main droite en bas et à gauche du dossier de la chaise. Vous pouvez alors vous servir de votre point d'appui pour tirer votre buste vers l'arrière. Respirez profondément en maintenant la position aussi longtemps que possible, puis, après un temps de repos, faites la même chose de l'autre côté.

La tête de vache

Assis confortablement sur une chaise, pieds bien à plat sur le sol, levez le bras gauche au-dessus de la tête, et, éventuellement en vous aidant de votre main droite, tendez-le au maximun vers le haut de manière à avoir tout le côté gauche étiré. Pliez le coude. Votre avant-bras se trouve alors derrière votre tête. Saisissez votre coude gauche avec votre main droite et tirez votre avant-bras gauche vers le bas, en augmentant peu à peu l'étirement. Le coude gauche pointe vers le haut. Portez ensuite le bras droit dans le dos et saisissez votre main gauche avec votre main droite. Si vos mains ne peuvent se rejoindre, attrapez votre chemise. Gardez la position 30 secondes, reposez-vous et changez de côté.

Marche sur place

Debout, environ 30 cm devant votre chaise, penchez-vous vers l'avant et posez les mains sur le siège. Vous pouvez aussi, si cela convient mieux à votre taille, vous mettre derrière la chaise et poser les mains sur le dossier. Pliez alternativement le genou et le pied gauches, puis le genou et le pied droits ; en même temps, déhanchez-vous légèrement du côté de la jambe tendue, comme si vous caricaturiez quelqu'un qui marche. Répétez 15 fois cet exercice qui fait travailler les membres inférieurs, hanches comprises, et détend le bas du dos.

À deux

Travailler avec une autre personne, votre compagnon ou votre enfant par exemple, donne une nouvelle dimension aux exercices d'étirements que vous effectuez. Vous y gagnerez une confiance nouvelle en vous-même et en votre partenaire. Vous éprouverez plus de plaisir à effectuer les exercices et vous apprendrez à partager votre sensation de bien-être.

Quelques conseils

Faire des exercices physiques avec un partenaire – votre enfant ou votre compagnon par exemple – peut provoquer, au début, une certaine gêne parce que ce type de pratique exige une grande confiance réciproque.

Nous avons tendance à développer une image négative de notre propre corps, persuadés que seules quelques créatures de rêve ont un corps parfait. Lorsque vous effectuez un exercice, votre attention est concentrée sur votre physique et vous pouvez alors vous sentir exposé et vulnérable. C'est une des raisons pour lesquelles peu de gens parviennent à faire des exercices physiques en présence d'autres personnes.

Par ailleurs, malgré les meilleures intentions, le sens de la compétition revient rapidement. Lors d'une pratique en groupe, il est facile de faire des comparaisons : « Un tel monte la jambe plus haut, tel autre tient la posture plus longtemps. » Ce genre d'attitude provoque tensions et malaises.

En fait, travailler ensemble induit que vous ayez confiance en votre partenaire, que vous soyez certain(e) qu'il ne vous jugera pas ; il doit également avoir une entière confiance en vous.

Lorsque vous serez convaincu(e) que vous pouvez travailler en bonne intelligence, la réponse appropriée aux demandes particulières, physiques et psychologiques, de chacun sera la clé de la réussite d'une pratique à deux.

Les réticences face à la pratique d'exercices physiques à plusieurs valent la peine d'être vaincues. Comme le physique est intimement lié au mental, la confiance et la complicité que vous acquerrez au cours de votre pratique avec un partenaire renforceront votre relation avec cette personne.

Le pont-levis, page 115

La balançoire, page 122

La bascule, page 125

Les exercices proposés impliquent en général un contact physique entre les partenaires, mais il ne s'agit pas de l'unique façon de travailler à deux. Vous pouvez avoir une pratique quotidienne commune qui se limite à un accompagnement. L'un fait les exercices pendant que l'autre l'encourage et vérifie que le mouvement est correctement effectué. Vous intervertissez ensuite les rôles. Il est très intéressant d'avoir à ses côtés quelqu'un qui peut voir les détails que l'on ne peut voir seul, même en travaillant devant un miroir.

1 Chacun des partenaires effectue des échauffements. Si vous travaillez avec un enfant, il faudra sans doute lui faire quelques suggestions.

2 Commencez en douceur, par des étirements simples. Ne dépassez pas vos limites habituelles et respectez celles de votre partenaire.

3 Avant de commencer, assurez-vous que vous connaissez tous deux les exercices et que vous êtes bien d'accord sur ce que vous allez faire.

4 Rappelez-vous bien que vous n'êtes pas en compétition. Vous êtes le seul à décider jusqu'où vous voulez et pouvez aller.

5 Écoutez votre corps. Prêtez une égale attention à vos sensations corporelles et votre état d'esprit, ainsi qu'à ceux de votre partenaire.

Avec un partenaire
à deux

Dès que vous aurez acquis de la souplesse, vous trouverez intéressant de travailler avec une autre personne. Certaines techniques orientales de relaxation, comme le tai-chi, utilisent un partenaire, parce que travailler avec quelqu'un est un moyen de tester sa force et sa souplesse, mais aussi parce que les stratégies nécessaires pour atteindre un but commun sont un reflet de la relation entre deux partenaires.

La plupart des étirements décrits demandent seulement un lent déplacement du poids du corps et un mouvement presque imperceptible. Par une respiration profonde, une totale confiance dans votre partenaire et une relaxation complète, vous pourrez tous deux entrer en harmonie et ainsi évaluer vos besoins réciproques. Et si vous avez envie d'éclater de rire, allez-y, cela vous aidera à évacuer les tensions existantes.

Gardez toujours à l'esprit que chaque être est unique ; vous seul savez ce qui est bon pour vous et ce qui ne l'est pas. Échangez vos impressions avec votre partenaire, vous effectuerez rapidement des étirements plus profonds, des exercices plus difficiles, tout en vous amusant.

Relâcher les épaules
Cet exercice est très efficace pour apaiser les tensions de la région du cou et des épaules.
Placez-vous derrière votre partenaire, qui se relâche complètement en faisant la poupée de chiffon (1) et vous laisse effectuer le travail. Prenez le haut de ses bras entre vos mains et montez-les lentement jusqu'à ce que les épaules se rapprochent des oreilles (2). Lorsqu'ils ne peuvent monter plus haut, lâchez-les en les poussant vers le bas. Vous devez être le seul à imprimer le mouvement ; vous sentirez vite si votre partenaire est totalement détendu. Répétez 5 fois cet exercice puis intervertissez les rôles.

1

2

①  ②  ①  ②

Le bras de fer
Vous vous tenez face à face,
paumes jointes et doigts
entrecroisés à hauteur des épaules,
les coudes fléchis (1).

Repoussez-vous jusqu'à ce que vos
bras soient tendus (2), puis
revenez à la position de départ.
Répétez cet exercice 20 fois.

Le pont suspendu
Cet exercice est très amusant ;
aussi ne vous étonnez pas si les
premières fois vous éclatez de rire.
Assis sur le sol, dos contre dos,
genoux pliés devant votre
poitrine, entrecroisez vos coudes
avec ceux de votre partenaire (1).

Inspirez et, en expirant, repoussez
tous deux le sol et le dos de votre
partenaire pour vous relever (2).
Restez un moment debout avant
de repousser à nouveau le dos de
votre partenaire pour vous asseoir
sur le sol. Répétez l'exercice 5 fois.

Le pont-levis
Asseyez-vous face à face, jambes étendues devant vous, les genoux
légèrement pliés, plantes des pieds en contact avec celles de votre
partenaire. Penchez le buste en avant de manière à vous saisir
les poignets. Tête et dos bien droits, appuyez sur un pied de votre
partenaire et montez-le, en gardant tous les deux la jambe tendue et
les plantes de pied bien en contact. Ne lâchez pas les poignets de votre
partenaire sinon vous tomberiez tous deux à la renverse. Tenez
la position 10 secondes, redescendez le pied puis faites l'exercice avec
l'autre jambe. Pour finir, appuyez sur les deux pieds et montez-les en
même temps. Vous dessinez alors une forme rappelant celle du pont-
levis. Pensez à étirer le bas du dos et ne le relâchez pas avant d'avoir
posé les pieds au sol. Tenez la position une minute si possible.

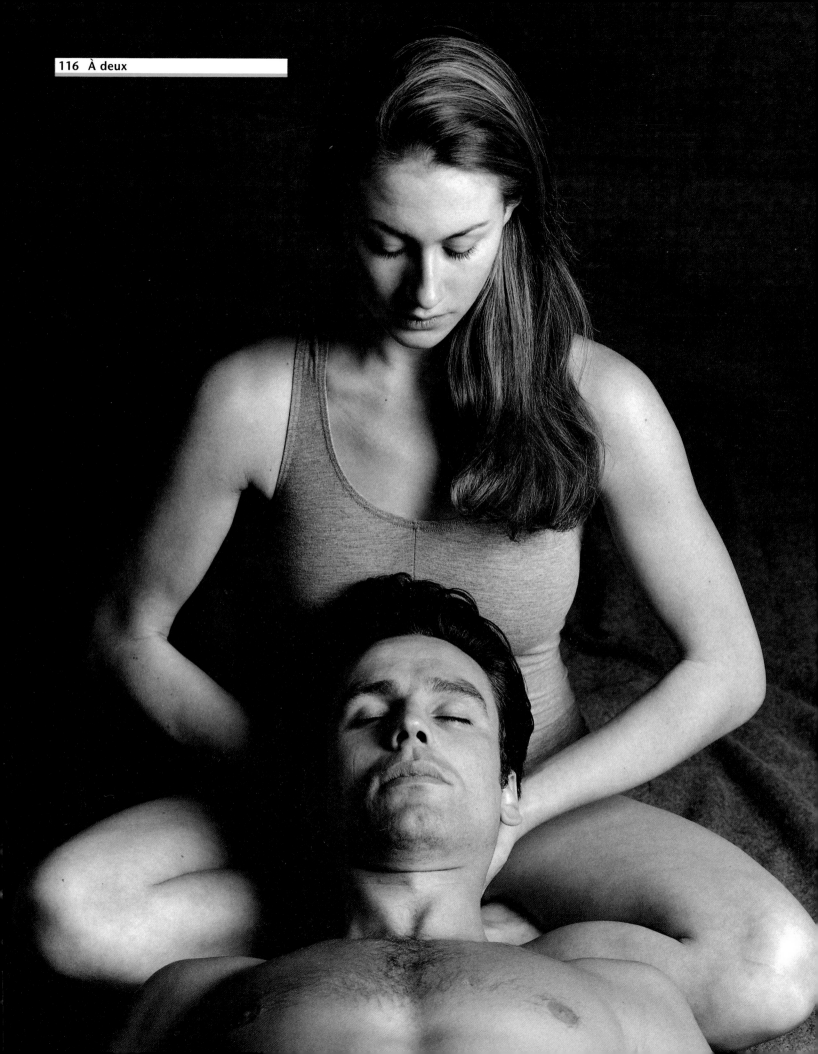

Étirements du cou

La personne qui effectue l'exercice en premier s'allonge sur le dos, genoux pliés, pieds bien à plat, mains sur les hanches. Elle ferme les yeux, et se relâche complètement en respirant profondément.

Le partenaire s'assoit ou s'agenouille juste derrière sa tête, passe les mains sous sa nuque et lève doucement sa tête de quelques centimètres au-dessus du sol (voir photo ci-contre). Sa tête doit sembler très lourde. À partir de cette position, de nombreux mouvements peuvent être effectués. Commencez par exemple par un mouvement d'allongement. Gardez la main droite sous sa nuque et posez votre main gauche au bas de son cou. Remontez doucement votre main gauche vers vous, en sentant bien l'allongement du cou. Lorsque votre main gauche a rejoint votre main droite, posez doucement sa nuque dans votre main gauche et recommencez le mouvement. Puis en tenant sa nuque des deux mains, montez-lui doucement la tête jusqu'à ce que son menton touche sa poitrine. Maintenez cette position quelques secondes puis revenez à la position de départ. Enfin, tournez lentement sa tête de droite à gauche et vice-versa, plusieurs fois avant de la reposer au sol. Après un temps de repos, intervertissez les rôles.

Torsion

Allongez-vous sur le dos. Levez votre jambe droite et posez-la, genou plié, au-delà de votre jambe gauche. Ne décollez pas les épaules du sol. Détendez-vous et laissez votre partenaire vous manipuler.

Le partenaire : agenouillez-vous à sa droite, au niveau de son bassin. Placez votre main gauche sur son épaule droite et votre main droite sur son genou droit. Appuyez son genou et son épaule sur le sol, sans brusquerie, en respectant ses possibilités. Lorsqu'il est fatigué, prenez un temps de repos avant de recommencer avec l'autre jambe, puis intervertissez les rôles.

Massage des pieds

Allongez-vous sur le ventre et détendez-vous.

Le partenaire : debout juste derrière les pieds de votre partenaire, posez doucement l'avant de votre pied droit sur la cambrure de son pied droit, puis posez l'avant de votre pied gauche sur la cambrure de son pied gauche. Vos talons doivent rester au sol, pour que les pieds de votre partenaire ne supportent pas tout votre poids. Déplacez doucement votre corps, d'avant en arrière, de gauche à droite, en massant de vos pieds ceux de votre partenaire. Poursuivez tant que la position reste supportable, puis intervertissez les rôles.

Le sécateur

Asseyez-vous tous les deux face à face, jambes écartées et tendues en avant. Placez vos jambes à l'intérieur de celles de votre partenaire et essayez de les écarter tandis qu'il résiste de son côté à votre poussée. Maintenez cet effort pendant 30 secondes. Votre partenaire peut ensuite essayer de refermer vos jambes en les poussant avec les siennes, pendant que vous lui résistez. Tenez 30 secondes, puis intervertissez les rôles.

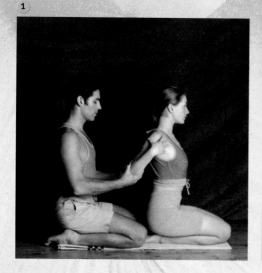

Pour le buste

Agenouillez-vous derrière votre partenaire, qui est à genoux, mains sur les épaules ; il doit être bien détendu.

Prenez ses coudes entre vos mains. Tirez-les vers l'arrière tout en les resserrant pour essayer de les faire se toucher (1). Votre partenaire doit bien se détendre pour ressentir en profondeur l'étirement. Variez l'intensité en tirant plus ou moins fort. Après l'exercice, repoussez doucement les coudes de votre partenaire vers l'avant (2). Tenez cette position quelques secondes puis intervertissez les rôles.

Pour le haut du dos

Voici un étirement profond pour les épaules et la partie supérieure du dos.

Celui qui subit l'étirement s'agenouille au sol, les mains posées sur l'arrière de la tête.

Celui qui fait travailler son partenaire s'agenouille derrière lui et prend les coudes de son partenaire entre ses mains. Il tire doucement vers l'arrière en essayant d'entourer son torse avec les bras de son partenaire. Tenez la position aussi longtemps que possible. Après un temps de repos intervertissez les rôles.

La tête de vache à deux

À genoux sur le sol, levez votre bras gauche au-dessus de votre tête, et, peut-être en vous aidant de votre main droite, tendez-le au maximum vers le haut de manière à avoir tout le côté gauche étiré. Pliez le coude gauche. Votre avant-bras se trouve alors derrière votre tête. Saisissez votre coude gauche avec votre main droite et tirez votre avant-bras gauche vers le bas, en augmentant peu à peu l'étirement. Le coude gauche pointe vers le haut. Portez ensuite votre bras droit dans votre dos et saisissez votre main gauche avec votre main droite. Si vos mains ne peuvent se rejoindre, attrapez votre tee-shirt. Gardez le dos bien droit.

Le partenaire : à genoux derrière votre partenaire, prenez son coude levé dans votre main gauche. Posez votre coude gauche sur son épaule pour avoir un appui.
Saisissez le coude droit de votre partenaire dans votre main droite. Tirez doucement son coude gauche vers l'arrière et vers le bas tout en tirant son coude droit vers le haut et l'arrière. Maintenez la position pendant 20 secondes environ, en prêtant attention aux signes de fatigue de votre partenaire. Lâchez ses coudes, et, après un temps de repos, répétez l'exercice en changeant de bras, puis vous intervertissez les rôles.

Le triangle double
Dos à dos, jambes écartées, bras tendus à l'horizontale, vos paumes contre celles de votre partenaire, ouvrez votre pied droit à 90° et tournez la tête vers la droite, tout en gardant buste et hanches de face. Votre partenaire fait la même chose en miroir. En maintenant paumes et dos en contact, penchez-vous vers la droite (votre partenaire se penche vers la gauche) jusqu'à ce que vos doigts touchent votre cheville, bras gauche tendu vers le haut. Tournez le visage vers le haut, et respirez profondément. Maintenez la position aussi longtemps que possible, puis revenez en position verticale. Après un temps de repos, faites l'exercice de l'autre côté.

Demi-lune à deux

Tenez-vous côte à côte, regard dirigé vers
l'avant, jambes écartées de la largeur du
bassin. La bonne distance entre vous est de
30 centimètres environ mais elle peut varier en
fonction de vos capacités à effectuer l'exercice.
Saisissez la main la plus proche de votre
partenaire. En conservant les hanches bien
d'aplomb au-dessus de vos pieds, levez votre
bras libre au-dessus de votre tête et étirez-le
en direction de votre partenaire jusqu'à ce que
vous puissiez saisir sa main.
Sans bouger le buste, poussez tous les deux
votre bassin vers l'extérieur, loin de votre
partenaire, pieds bien à plat sur le sol. Entre
les pointes de vos pieds et de vos bras, vous
dessinez alors un croissant de lune. Tenez la
position une trentaine de secondes. Pour
accroître l'étirement, tournez le visage vers la
main levée. Revenez bassin à l'horizontale,
séparez vos mains, puis faites l'exercice de
l'autre côté.

L'ascenseur

Voici un exercice très efficace et dynamique.
La personne « manipulée » éprouvera
un étirement très agréable dans les bras,
les épaules et le dos, tandis que
le « manipulateur » travaillera les muscles du
côté et des jambes.
Le manipulé : asseyez-vous sur le sol, en tailleur.
Levez les bras au-dessus de la tête, sans raideur,
et joignez les mains. Détendez-vous.
Le partenaire : tenez-vous de côté, dans le dos
de votre partenaire. Pliez votre genou droit et
appuyez-le sur son dos. Passez votre épaule
droite sous ses mains levées de manière à les
soutenir. Assurez votre prise en saisissant son
bras gauche avec votre main droite.
Déplacez le poids de votre corps vers votre
pied gauche, en soulevant et en tirant très
doucement vers l'arrière les mains de votre
partenaire. Tenez cette position 20 secondes
environ, et après un temps de repos faites
l'exercice de l'autre côté.

Le chargement

Voici un excellent exercice pour relâcher et
étirer le bas du dos. Dans l'idéal, il doit être
effectué par deux personnes ayant
sensiblement la même taille.
Tenez-vous dos à dos et décidez qui sera
« chargé » en premier. Levez les bras en l'air.
Le chargeur : saisissez votre partenaire par les
poignets. Pliez les genoux de manière à ce que
ses fesses reposent sur le bas de votre dos, puis
penchez le buste vers l'avant en tirant sur les
bras de votre partenaire jusqu'à ce que ses
pieds décollent du sol. Il est très important que
vous gardiez les genoux pliés pendant tout
l'exercice. Pour augmenter l'étirement, vous
pouvez vous balancer doucement d'un côté sur
l'autre, ou d'avant en arrière. Reposez sans
à-coups votre partenaire au sol.
Le chargé : il doit se laisser faire, en se détendant
complètement et en se concentrant sur son dos,
son cou et ses épaules. Prenez un temps de
repos avant d'intervertir les rôles.

Avec votre bébé
à deux

Lorsque votre bébé dort dans vos bras, vous pouvez en profiter pour ressentir encore plus en profondeur vos étirements, grâce à son poids léger et à sa présence. Vous pouvez le placer à côté de vous et même « jouer » avec lui selon les exercices réalisés. Par exemple, pensez à le prendre dans vos bras lorsque vous faites *Le gros dos* (page 55) comme un chat, ou des étirements similaires ; à le caler entre vos cuisses lorsque vous faites des exercices assise. Tenez-le toujours bien fermement pour qu'il se sente en sécurité

et maintenez-lui la nuque. Faites tous les mouvements avec douceur et lenteur, ce qui aura sur lui un effet calmant. Comme vous le faites avec n'importe quel partenaire, prêtez attention aux signaux que vous envoie votre enfant. S'il est inquiet, agité, il est sans doute préférable d'arrêter l'exercice et de faire autre chose. De la même façon, si vous êtes tendue, si vous trouvez l'exercice difficile, votre bébé le sentira. Mais le plus souvent, vous éprouverez un grand plaisir à vous détendre avec votre enfant.

La balançoire
Allongez-vous sur le dos, membres inférieurs en l'air et genoux pliés de manière à avoir les jambes parallèles au sol. Genoux serrés l'un contre l'autre, posez votre bébé sur vos jambes et, en le tenant fermement, balancez-le doucement. Montez les jambes à 45° puis redescendez-les à l'horizontale, 10 fois de suite avant de vous reposer.
Vous pouvez augmenter la difficulté de l'exercice en gardant les abdominaux serrés pendant les balancements. Votre bébé appréciera beaucoup ce jeu de balançoire.

Le bébé sur le pont
Il s'agit d'une variante du *Pont*, exercice de base expliqué page 52. Vous allez asseoir votre bébé sur le pont formé par votre corps. Allongez-vous sur le dos, genoux pliés et pieds écartés de la largeur du bassin. Posez votre bébé sur votre ventre et maintenez-le. Décollez le dos du sol, aussi haut que possible, sans cambrer, en gardant les épaules en appui. Tenez la position environ 15 secondes, puis redescendez en posant les vertèbres l'une après l'autre, en commençant par les dorsales. Respirez, détendez-vous et recommencez 5 fois.

La marche du canard
Voici encore un exercice que vous pouvez faire indifféremment avec ou sans votre enfant. Mais il est beaucoup plus amusant de faire « trotter » votre bébé.
Asseyez-vous confortablement sur le sol, jambes tendues devant vous, chevilles serrées, pointes des pieds vers le haut. Allongez votre bébé dans vos bras. Dos bien droit et abdominaux serrés, propulsez-vous vers l'avant en glissant une fesse vers l'avant puis l'autre. Dandinez-vous ainsi 10 fois de suite vers l'avant puis 10 fois vers l'arrière.

1

2

La vrille
C'est un exercice très connu qui fera travailler votre dos tout en berçant votre bébé. Mettez-vous debout, pieds à l'écartement du bassin, votre bébé allongé dans vos bras. En gardant le dos droit et les hanches de face, tournez-vous vers la gauche jusqu'à ce que vous sentiez une torsion dans le dos (1). Lorsque vous ne pouvez pas aller plus loin, revenez à la position de départ, puis tournez-vous vers la droite (2). Recommencez la séquence 10 fois.

Le berceau-chameau

C'est une variante de l'exercice du chameau (page 55) que vous pouvez donc faire avec ou sans votre enfant.

Agenouillez-vous sur le sol, votre bébé dans les bras. Tenez le dos droit et serrez les fesses et les abdominaux pendant tout l'exercice pour éviter de creuser et de forcer sur le bas du dos. En gardant la tête, le cou et le dos alignés, penchez-vous doucement vers l'arrière, aussi loin que possible. Tenez 5 secondes puis revenez en position verticale. Respirez profondément au cours du mouvement et penchez-vous lentement et régulièrement. Si vous éprouvez des difficultés à faire cet exercice, pour compenser adoptez la posture de l'enfant (page 92).

Avec un enfant
à deux

Le temps passé avec de jeunes enfants est une thérapie anti-dépression et anti-morosité – ne leur dit-on pas souvent : tu es mon rayon de soleil ? Combiner une pratique régulière et un moment de jeu avec ses enfants est donc une garantie de plaisir partagé. Bien sûr les enfants ne comprennent pas forcément qu'ils sont en train de participer à des exercices : bébé s'endort dans vos bras au beau milieu d'un étirement, et un enfant plus âgé s'amusera de ce nouveau jeu que vous lui proposez.

Nombreux sont les mouvements décrits dans ces pages que les enfants accomplissent inconsciemment lorsqu'ils jouent. Par ailleurs, s'ils possèdent une souplesse et une grâce naturelles, ces exercices les aideront à acquérir plus de coordination et de force. En compagnie d'un enfant vous apprécierez votre entraînement d'une manière tout à fait particulière. La gaieté et les rires que vous partagerez avec lui vous aideront à vous détendre.

Les enfants ne peuvent fixer très longtemps leur attention. Changez de mouvement dès que votre petit compagnon donne le moindre signe de distraction. Les enfants étant très souples, n'oubliez pas d'écouter les réactions de votre propre corps, même lorsque votre enfant trouve l'exercice très facile. Et surtout abordez les exercices comme un jeu.

Battements d'ailes
C'est un excellent exercice pour les épaules, sans compter la partie de rire que l'on provoque à glousser comme une poule. Debout, face à face, fermez les poings et placez-les sous les aisselles. Puis, soit en restant immobile soit en marchant à travers la pièce, battez vigoureusement des bras, vers le haut et vers le bas.

Les éléphants

Vous vous tenez debout, côte à côte, jambes écartées de la largeur du bassin. Penchez-vous en avant et, sans bloquer les genoux, posez les paumes de mains à terre. Votre enfant trouvera sans doute ce mouvement très facile à réaliser mais peut-être serez-vous obligé de plier légèrement les genoux pour poser les mains. Relâchez bien le dos. En essayant de garder les jambes aussi tendues que possible, levez la main et le pied droits et posez-les en avant de manière à faire un pas. Puis faites le même mouvement avec la main et le pied gauches. Déplacez-vous ainsi dans la pièce. Vous ressemblez alors à Mowgli imitant la marche des éléphants dans le dessin animé de Walt Disney, *Le Livre de la jungle*.

Les moulins à vent

Cet exercice combine un étirement du dos vers l'avant avec une légère torsion de la colonne vertébrale. Penchez-vous vers l'avant en cassant la taille et touchez votre pied gauche de votre main gauche. Tendez votre bras droit au-dessus de vous et regardez votre main droite. Tenez cette position aussi longtemps que possible, en respirant profondément. Faites de même de l'autre côté sans passer par la position verticale. Quand cet étirement vous semble plus facile, essayez de changer plus vite de bras, sans vous faire de tour de rein – ni tomber.
Une variante possible, lorsque vous aurez progressé, est de toucher le pied droit de la main gauche et vice-versa.

La bascule

Asseyez-vous sur le sol, jambes tendues devant vous, légèrement écartées. Votre enfant s'assoit de la même façon face à vous, ses pieds posés le long de vos chevilles. Penchez-vous vers l'avant et prenez-lui les mains. Tirez-les doucement vers vous, votre enfant s'incline vers l'avant pendant que vous vous penchez vers l'arrière aussi loin que vous pouvez et en fonction des possibilités de votre enfant. Ne lâchez pas ses mains. Puis repartez en sens inverse : vous vous penchez vers l'avant et votre enfant vers l'arrière (1 et 2). Continuez ce mouvement de bascule en va-et-vient aussi longtemps que vous le désirez et que le jeu vous amuse.

Échauffement

Un échauffement approprié prépare votre corps aux mouvements parfois violents qu'il doit faire lorsque vous pratiquez un sport ; il vous aide également à vous concentrer sur votre activité physique.

Des étirements adaptés à votre sport favori améliore votre souplesse et vos performances, diminuant ainsi les risques de blessure.

Quelques conseils

Faire régulièrement des séances d'étirements ne dispense pas de la pratique d'un ou plusieurs sports, si vous désirez accroître votre tonus, votre endurance, et être en pleine forme. Votre préférence peut aller aux sports individuels – course à pied, natation – ou aux sports collectifs – basket-ball, football... Vous pouvez également partager votre activité avec un partenaire – tennis, squash...

Trop de sportifs amateurs ne prennent pas le temps de faire quelques exercices d'échauffement, les considérant comme une contrainte inutile, réservée aux professionnels et à tous ceux qui font de la compétition. Rien n'est plus faux !

L'échauffement a pour but de préparer le corps à une activité physique intensive. Il est donc encore plus nécessaire à la préparation à l'effort occasionnel d'un sportif amateur qu'à l'activité régulière d'un athlète habitué à exploiter au maximum ses capacités physiques.

Dans la pensée occidentale, l'effort n'est bon que s'il est accompagné de douleur : « On n'a rien sans rien », « Il faut souffrir pour être beau »... C'est totalement erroné. Au contraire, le corps humain recèle d'étonnantes possibilités qui ne se manifesteront que si on fait l'effort de le comprendre et le respecter, de le pousser sans le brutaliser. Les exercices que nous vous proposons peuvent constituer la base d'un échauffement adapté au sport que vous pratiquez. Ils permettent d'aborder en douceur l'activité physique et, en améliorant la souplesse, d'éviter les blessures consécutives aux efforts intenses liés à un manque de préparation.

Étirement du buste, page 135

La vrille, page 132

Le pas de parade page 131

Haussement d'épaules, page 133

Au cours de l'échauffement, vos muscles et vos articulations travaillent en souplesse. Vous préparez ainsi votre corps à accomplir certains mouvements. L'échauffement vous permet également de vous concentrer sur l'activité qui va suivre, accroît votre coordination et vous libère des tensions avant l'effort.

1 Commencez votre échauffement en douceur : marchez ou sautez sur place pendant cinq minutes, par exemple.

2 Enchaînez ensuite avec quelques étirements de base pour les épaules, les chevilles, les bras, les jambes et les hanches.

3 Abordez maintenant les étirements recommandés pour le sport que vous pratiquez. L'échauffement qui précède un footing est bon pour bien d'autres sports.

4 Introduisez dans votre échauffement des mouvements caractéristiques à votre sport : un coup droit pour le tennis, une passe ou une tête pour le football.

5 Le retour au calme est également important. Terminez votre séance par un petit footing et quelques étirements simples. Respirez profondément, aussi longtemps que vous en ressentez la nécessité.

Course à pied
exercices d'échauffement

Certaines activités sportives, comme la course à pied, paraissent naturelles : vous n'avez pas besoin d'apprendre à courir. Ce qui ne veut pas dire que vous devez vous dispenser d'échauffement, même avant un simple footing.

Lorsque vous courez, la plus grande partie de l'effort est fournie par les membres inférieurs. C'est pourquoi la plupart des exercices d'échauffement concernent les jambes, les chevilles et les pieds. Même protégés par des chaussures bien adaptées, vos pieds subissent des contraintes importantes (dureté du bitume ou, au contraire, sol inégal…). Toutes les parties du corps participent plus ou moins à l'effort de la course. Pour éviter, par exemple, des tensions inutiles dans les épaules ou les bras, faites quelques assouplissements préalables et pensez à les garder naturellement souples. Terminez toujours votre échauffement par une course sur place, en levant les genoux bien haut.

Flexion avant en triangle
Debout, jambes écartées, penchez-vous vers l'avant en laissant pendre vos bras. Passez les mains entre les jambes et posez-les sur l'arrière des chevilles ou sur les mollets. Tirez en douceur pour essayer de faire passer votre tête entre vos jambes. Respirez profondément et détendez-vous.

À vos marques
Penchez-vous vers l'avant, sans bloquer vos genoux en extension, et allez poser les mains sur le sol, environ 1 mètre devant vous. Pliez le genou gauche et mettez-vous sur la pointe du pied ; la jambe droite est en extension. Inversez ensuite la position des jambes. Vous devez ressentir un étirement de la région lombaire et des muscles postérieurs des jambes. Pour augmenter l'intensité de cet exercice, lorsque vous changez de jambe, soulevez légèrement le pied comme si vous couriez sur place.

Grande fente avant

Accroupi sur les talons, posez les mains sur le sol un peu en avant des genoux. Étendez la jambe droite en arrière, pied en appui sur les orteils. Vos bras et votre jambe droite restant bien tendus, laissez vos hanches descendre vers le sol. Vous devez ressentir un étirement intense des muscles antérieurs de la cuisse. Vos hanches se rapprochent du sol lorsque vous expirez. Essayez de tenir la posture pendant 20 secondes, puis inversez la position des jambes. Lorsque vos cuisses seront plus souples, vous garderez la posture 30 secondes de chaque côté.

Étirement de la cuisse debout

Levez la jambe droite et posez le talon sur une chaise. Fléchissez la cheville. Posez la main droite sur la cuisse droite et faites-la glisser jusqu'à la cheville, en gardant le dos droit, la tête relevée et la cheville fléchie. Quand vous ressentez un étirement dans les muscles postérieurs de la cuisse, gardez la position 10 secondes, puis changez de jambe. Étirez chaque cuisse 10 fois, en alternant.

Demi-lune

Debout, pieds à l'écartement du bassin, levez le bras gauche au-dessus de la tête et inclinez-vous lentement sur la droite, sans vous pencher vers l'avant ni vers l'arrière. Vous devez sentir un étirement prononcé de tout le côté gauche. Gardez la posture pendant 10 secondes, puis changez de côté. Étirez-vous 2 fois de chaque côté.

Le pas de parade

Courez sur place, en montant les genoux le plus haut possible. Gardez les bras détendus le long du corps.

Natation
exercices d'échauffement

Le pouvoir à la fois relaxant et tonifiant de l'eau fait de la natation un sport idéal pour tous ceux qui veulent être en forme et en bonne santé. La natation fait travailler les principaux groupes musculaires. La pratique régulière de ce sport améliore également la capacité pulmonaire.

Si vous avez été victime d'un traumatisme articulaire – fracture, entorse – ou musculaire – claquage –, vous savez certainement que la natation est un excellent moyen de reprendre contact en douceur avec le sport. L'échauffement est aussi important pour la natation que pour les autres sports. Il est rare de se blesser en la pratiquant, mais être souple vous permettra de mieux nager. Consacrez quelques minutes à préparer bras, épaules et jambes qui sont particulièrement sollicités.

Étirement de l'épaule
Asseyez-vous sur le sol, jambes tendues devant vous. Posez les mains par terre, au niveau des hanches, paumes tournées vers le plafond. Faites glisser vos mains vers l'arrière, jusqu'à ce que vous ressentiez un étirement de la face antérieure des épaules. Détendez-vous dans cette position que vous maintenez au moins 30 secondes, en gardant les épaules basses et sans tension dans le cou.

Le papillon
Assis sur le sol, pliez les genoux et joignez les plantes de pieds. Prenez vos pieds dans vos mains et rapprochez-les le plus près possible de l'aine, sans relâcher le bas du dos. Le but recherché étant de poser les genoux sur le sol, vous pouvez appuyer sur vos cuisses avec vos coudes ou exercer de petites pressions verticales de haut en bas. Maintenez la posture 1 à 3 minutes, et détendez-vous. Enchaînez éventuellement, si vous en avez le temps avec les variantes présentées page 70.

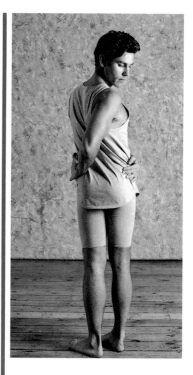

La vrille
Debout, pieds à l'écartement du bassin, tournez le buste comme si vous vouliez regarder derrière vous. Pensez à garder les épaules basses. En vous aidant des bras, essayez d'augmenter la torsion. Maintenez la position 30 secondes puis tournez-vous de l'autre côté.

Le pendule

Debout, pieds à l'écartement du bassin, penchez-vous vers l'avant jusqu'à ce que votre buste soit à peu près parallèle au sol, sans que la position soit fatigante. Balancez vos bras librement, d'abord vers le haut et vers l'arrière (1), puis vers l'avant et vers le haut (2). Le mouvement part des épaules. Gardez le corps parfaitement immobile, seuls les bras et les épaules travaillent. Recommencez 10 fois ce mouvement de balancier qui doit être libre et facile.

Le gros dos

Mettez-vous à quatre pattes, paumes de mains sur le sol à l'écartement des épaules. Faites le gros dos en rentrant le ventre et en baissant la tête (1). Ensuite, creusez le dos et relevez la tête (2). Répétez ce mouvement 10 fois.

Haussement d'épaules

Debout, bras le long du corps, inspirez en montant les épaules vers les oreilles aussi haut que possible. Gardez cette position quelques secondes puis, pendant l'expiration, laissez les épaules retomber librement et naturellement. Détendez-vous et, lors de la prochaine expiration, essayez de relâcher un peu plus les épaules, sans forcer ; c'est en vous concentrant que vous obtiendrez un relâchement plus profond.

Tennis, squash...
exercices d'échauffement

C'est leur aspect de compétition individuelle qui rend le tennis ou le squash attrayants. Ces sports demandent à la fois une bonne coordination du regard et du bras, de la souplesse, de la force et de l'énergie. Force et énergie s'acquièrent grâce à une préparation physique adaptée. La souplesse – c'est-à-dire la possibilité de s'étirer au maximum pour rattraper une balle haute ou basse – est nécessaire quel que soit son niveau de jeu. L'échauffement doit privilégier bras, mains et cuisses, et préparer le corps aux torsions et aux rotations auxquelles il sera soumis. Il doit être bilatéral pour ne pas créer de déséquilibre, tendance accentuée par la pratique des sports avec raquette.

Cercles avec les bras
Debout, pieds à l'écartement du bassin, effectuez lentement de grands cercles avec les bras. Le mouvement doit partir de l'épaule. Faites 3 cercles dans un sens, puis 3 cercles dans l'autre.

Étirement des poignets
Cet exercice très simple devrait vous permettre d'éviter le « tennis elbow ». Bras droit tendu en avant à hauteur d'épaule, paume de la main tournée vers le sol, poussez votre main droite vers vous avec votre main gauche. Maintenez la position aussi longtemps que possible, puis changez de côté.

La girouette
Debout, pieds à l'écartement du bassin, posez votre main droite au-dessus de votre poitrine et tendez votre bras gauche à l'horizontale sur le côté, paume de main ouverte et tournée vers l'avant. En gardant le cou allongé et les épaules relâchées, tournez doucement le buste jusqu'à ce que votre bras gauche se trouve tendu en arrière, aussi loin que possible. Revenez à la position de départ, changez de bras et faites le même mouvement avec le bras droit. Votre bassin ne doit pas bouger, le mouvement se passe uniquement dans la colonne vertébrale. Recommencez 5 fois de chaque côté.

Étirement avec une raquette
Debout, pieds à l'écartement du bassin, bras tendus, tenez votre raquette devant vous par ses deux extrémités. Montez lentement la raquette en gardant les bras tendus, jusqu'à ce qu'elle se trouve à la verticale de votre tête (1). Marquez un temps de repos avant d'amener la raquette derrière votre nuque en pliant les coudes (2). La raquette doit rester verticale. Détendez-vous, puis faites le mouvement en sens inverse pour revenir à la position de départ. Faites cet exercice 3 fois de suite.

Souplesse arrière
Debout, jambes écartées pour avoir une bonne stabilité, posez vos mains sur la face postérieure de vos cuisses. Muscles fessiers contractés, étirez-vous en vous penchant en arrière aussi loin que possible. Votre cou doit rester dans l'alignement de votre dos. Vous ressentez un étirement à la fois dans le haut du dos et dans les muscles abdominaux.

Étirement du buste
Debout, pieds à l'écartement du bassin, pliez les bras au-dessus de votre tête, chaque main reposant sur le coude opposé. Tirez vos bras le plus possible vers l'arrière, puis penchez-vous lentement sur le côté droit. Détendez-vous, respirez. Tenez la position environ 10 secondes. Revenez à la verticale et penchez-vous sur le côté gauche. Étirez-vous ainsi au moins 3 fois de chaque côté.

Sports collectifs
exercices d'échauffement

Les sports d'équipe, tels que le football, le rugby, le basket ou le handball, sollicitent le corps de multiples façons et demandent donc un échauffement complet. La plupart de ces sports combinent des déplacements quasi permanents et des accélérations soudaines et répétées. Pour compléter votre échauffement, en plus des étirements que nous vous proposons, faites un footing alternant course sur place et course rapide. Au cours d'un match, c'est souvent après un sprint qu'il faut de la précision pour faire une passe ou la réceptionner, voire marquer un but. La souplesse et l'équilibre que vous aurez acquis au cours de votre échauffement vous aideront dans cette phase du jeu. Certains sports collectifs impliquent des contacts rapprochés, la souplesse du dos, des hanches et des jambes est alors primordiale.

Tête au genou
Allongez-vous à plat dos sur le sol, attrapez votre genou droit avec vos mains et tirez-le vers votre poitrine. Levez la tête et essayez de toucher le genou avec le front. Pour augmenter l'étirement, essayez de toucher le genou avec le nez ou l'oreille. Maintenez la posture 30 secondes, détendez-vous et faites la même chose avec l'autre jambe.

Étirement du quadriceps
Debout, pieds à l'écartement du bassin, pliez le genou gauche et, derrière votre dos, prenez votre pied gauche dans votre main droite. En équilibre sur la jambe droite, tirez votre pied gauche vers les fesses en gardant le genou pointé vers le sol. Maintenez la posture 20 secondes et changez de jambe. Recommencez trois fois de chaque côté. Si vous avez du mal à garder l'équilibre, prenez appui contre un mur avec votre bras libre tendu à l'horizontale. Restez toujours le plus droit possible.

Fente latérale
Debout, jambes bien écartées, pliez le genou droit jusqu'à ce que vous ressentiez un étirement dans la cuisse gauche. Gardez le buste vertical. Maintenez la position pendant 15 secondes, puis passez de l'autre côté.

1

2

Grande fente avant
Mettez-vous à quatre pattes sur le sol. Avancez le pied droit et posez-le à l'extérieur de votre main droite. En gardant le genou gauche au sol, essayez de poser les coudes au niveau de votre pied droit. L'objectif est de poser les avant-bras à plat sur le sol (1). Restez 30 secondes dans cette position, en laissant vos hanches descendre vers le sol. Inversez ensuite la position des jambes. Si vous avez du mal à réaliser cette posture, placez le pied à l'intérieur des mains et posez les mains (au lieu des coudes) sur le sol (2).

Torsion en position assise

Asseyez-vous sur le sol, jambes tendues devant vous, dos bien droit. Pliez le genou droit et posez le pied droit à l'extérieur du genou gauche. Pliez le genou gauche et ramenez le pied près de l'aine. Posez la main droite sur le sol derrière la fesse droite, coude en extension. Levez le bras gauche, passez-le au-dessus du genou droit pour poser la main sur la jambe droite. Tournez-vous vers l'arrière et regardez aussi loin que possible au-delà de l'épaule droite, en redressant le bas du dos. Gardez la posture 30 secondes, relâchez et changez de côté. Quand vous serez plus souple, passez la main gauche sous le genou droit et croisez les mains pour intensifier l'étirement.

Flexion avant debout

Debout, pieds à l'écartement du bassin, penchez-vous vers l'avant et posez les mains devant vos pieds, sans bloquer les genoux en extension. Vous devez avoir la sensation que le haut de votre corps est suspendu à vos hanches. Répartissez bien le poids de votre corps sur vos deux pieds. Profitez de chaque expiration pour allonger le dos et relâcher les muscles abdominaux. Redressez-vous en déroulant le dos une vertèbre après l'autre.

À lire aussi chez HACHETTE

Rester en forme par le yoga, Mary Stewart.

Apprendre le tennis des champions par l'exemple,
préface de Jean-Paul Loth, Patrice Dominguez, Gilles Delamarre.

Cheval Passion, Éric Navet.

Vélo Passion, R. Ballantine, R. Grant, préface de J.-M. Leblanc.

L'Encyclopédie pratique des médecines douces, Pr Patrick Pietroni.

Le Guide familial de la santé, préface du Pr Christian Cabrol.

Massage, le bien-être au bout des doigts, ouvrage collectif.

Dans la collection « Sports pratiques par l'image », *Équitation –
Escalade – Golf – Karaté – Natation – Ski alpin – Ski de fond – Squash –
Tennis : pratique et technique de base – Tennis : haut niveau et
compétition – Tennis de table.*

Index

Les mentions en italique renvoient aux exercices.

Remerciements

Sarah Clark est kinésithérapeute. Elle a effectué sa formation au Middlesex Hospital de Londres, où elle s'est spécialisée en orthopédie et en traitements ambulatoires. Elle exerce dans une clinique privée londonienne.

Liliana Djurovic est kinésithérapeute. Elle a effectué sa formation à Belgrade ; elle s'intéresse au traitement des douleurs dorsales et cervicales, et des blessures liées à la pratique sportive. Installée en Grande-Bretagne depuis cinq ans, elle exerce dans une clinique privée londonienne.

© Duncan Baird Publishers pour le dessin de la page 17 (squelette humain) et l'ensemble de l'illustration photographique. La photo de la page 9 est reproduite avec l'aimable autorisation de la British Library, Londres (Add 26433b).

Dépôt légal 6708-01-97
N° d'édition 38352
ISBN 2 01 236 148 X
23 28 6148-3-01